De Habsburgers en Mechelen

D1867989

EUROPALIA 87 ÖSTERREICH

Stad Mechelen

De Habsburgers en Mechelen

"De Dynastie"

Stedelijk Museum Hof van Busleyden

"Binnenhuis van Gotiek naar Renaissance"

Troonzaal van het voormalig Hof van Margareta van Oostenrijk

25 september - 13 december 1987

Gemeentekrediet

EUROPALIA 87 ÖSTERREICH

OOSTENRIJK

Erecomité

Dr. Alois MOCK, Bundesminister für Auswärtige Angelegenheiten
Dr. Hilde HAWLICEK, Bundesminister für Unter richt, Kunst und Sport
o.Univ.-Prof. Dr. Hans TUPPY, Bundesminister für Wissenschaft und Forschung
Landeshauptmann Theodor KERY, Burgenland
Landeshauptmann Leopold WAGNER, Kärnten
Landeshauptmann Dr. Wilfried HASLAUER, Salzburg
Landeshauptmann Dr. Josef RATZENBÖCK, Oberösterreich
Landeshauptmann Dr. Josef KRAINER, Steiermark
Landeshauptmann Siegfried LUDWIG, Niederösterreich
Landeshauptmann Dr. Helmut ZILK, Wien
Landeshauptmann Dipl. Ing. Dr. Alois PARTL, Tirol
Landeshauptmann Dr. Martin PURTSCHER, Vorarlberg
Präsident Kommerzialrat Rudolf SALLINGER, Bundeskammer der gewerblichen Wirtschaft
Ministerialrat Dr. Anton WÜRZL, Österreichische Fremdenverkehrswerbung

Uitvoerend comité

Voorzitter
Botschafter Dr. Franz CESKA

Ondervoorzitter
Sektionschef i.R. Dr. Wilhelm SCHLAG

Plaatsvervanger
Ministerialrat DDr. Peter MARGINTER

Commissaris-generaal
Kulturrat Helene LAMESCH

Uitvoerende secretarissen
Dr. Wolfgang KRAUS, Literatuur
Prof. Dr. Hans LANDESMANN, Muziek
Dr. Reinhard URBACH, Theater
Prof. W. Hofrat i.R. Dr. Walter ZETTL, Tentoonstellingen

BELGIE

Raad van Bestuur

Voorzitter
Baron de VOGHEL, Erevoorzitter van het Paleis voor Schone Kunsten

Ondervoorzitters
Pierre HARMEL, Minister van Staat
Leo TINDEMANS, Minister van Buitenlandse Betrekkingen

Bestuurders
Willy CLAES, Voorzitter van het Nationaal Verbond van Socialistische Mutualiteiten
Baron Evence COPPEE, Ondervoorzitter van Lafarge-Coppée
Roger DEHAYBE, Commissaris-generaal - Commissariat général des Relations Internationales de la Communauté française
Graaf Michel d'URSEL, Erecommissaris-generaal Europalia
Fernande FAZZI-DE CLERCQ, Advocaat
Jean GODEAUX, Gouverneur van de Nationale Bank
Jacques GROOTHAERT, Voorzitter van de Raad van Bestuur van de Generale Bank
Maurice HUISMAN, Eredirecteur van de Koninklijke Muntschouwburg
Herman LIEBAERS, Erecommissaris-generaal Europalia
François NARMON, Voorzitter van het Directiecomité van het Gemeentekrediet van België
Emile NOEL, Secretaris-generaal van de Commissie der Europese Gemeenschappen
Jos OP DE BEECK, Eredirecteur-generaal Radio B.R.T.
Frans ROELANTS, Secretaris-generaal Ministerie van Buitenlandse Zaken
Robert STEPHANE, Administrateur-generaal van de R.T.B.F.
Diane VERSTRAETEN, Commissaris-generaal - Commissariaat-generaal voor Internationale Culturele Samenwerking
Robert WANGERMEE, Ere-administrateur-generaal van de R.T.B.F.
Paul WILLEMS, Ere-afgevaardigd-beheerder van het Paleis voor Schone Kunsten

Inrichtend comité

G. JORIS, Burgemeester
L. VAN DE VELDE, Schepen
J. VAN DER SANDE, Schepen
K. VAN ESBROECK, Schepen
H. DE GROODT-VANDERAERSCHOT, Schepen
R. VANDERWAEREN, Schepen
F. NASON, Schepen
C. DEMEESTER, Schepen
F. VERLINDEN, Schepen
G. ARDIES, Stadssecretaris

Commissaris van de Rekeningen
John POULLET, Secretaris van de Nationale Bank
Commissaris-generaal
Paul VANDENBUSSCHE
Adjunct-commissaris-generaal
Martine BAUDIN

Directeur Tentoonstellingen
Dr. Robert DE SMET
Directeur Muziek
Hadelin DONNET
Directeur Literatuur en Theater
Madou MOULAERT
Directie Promotie en Externe Betrekkingen
Nadine de KERCHOVE

Adviseur
Guy LEMAIRE
Adviseur
Generaal Gilbert THIBAUT de MAISIERES

Werkcomité

Algemene leiding
Georges JORIS, Burgemeester
Kris VAN ESBROECK, Schepen
Raymond VANDERWAEREN, Schepen
Coördinatie
Marc BAFCOP, conservator, commissaris van de tentoonstelling

Deel I "DE DYNASTIE"
Kunstwerken: Marc BAFCOP, conservator
Kristelt ENGELS, licentiaat
Pascale GOEYERS, licentiaat
Archivalia: Henri INSTALLE, archivaris

Deel II "BINNENHUIS VAN GOTIEK NAAR RENAISSANCE"
Michèle EEMAN, hoofd dienst monumentenzorg
Kristelt ENGELS, licentiaat

Administratie
Godelieve HILLAERT en het personeel van de Stedelijke Diensten Musea, Archief en Monumentenzorg

Catalogus

Coördinatie Gemeentekrediet
Jacques DERAEVE, Cultureel Attaché
Technische coördinatie
De dienst Publikaties van het Gemeentekrediet
o.l.v. Lieve VIAENE-AWOUTERS
Druk
EMKA, Kruishoutem
Fotogravure
Cassochrome, Desselgem

Praktische uitvoering

De technische dienst van de Stad Mechelen met bereidwillige medewerking van de firma's Rayo (verlichting) en Abas (beveiliging) voor het gedeelte "Binnenhuis"

Instellingen die kunstwerken en documenten in bruikleen hebben afgestaan

Aalst, Kerkfabriek St.-Martinus; Aalst, St.-Elisabethhospitaal; Antwerpen, Kon. Museum voor Schone Kunsten, Hoofdconservator Mevr. Dr. L. Schoonbaert; Antwerpen, Museum Plantin Moretus/Stedelijk Prentenkabinet, Directrice Mevr. Dr. F. de Nave; Antwerpen, Maagdenhuis, Archivaris Mevr. E. Pais-Minne; Antwerpen, Museum Vleeshuis, Adjunct-Conservator Mevr. J. Lambrechts-Douillez; Belœil, Château, Z.H. Prins de Ligne; Brugge, Gruuthusemuseum, Hoofdconservator Dr. V. Vermeersch; Brugge, O.C.M.W. - St. Janshopsitaal, Conservator Mevr. H. Lobelle; Brussel, Instrumentenmuseum, Conservator R. de Maeyer; Brussel, Kon. Bibliotheek Albert I, Hoofdconservator Dr. M. Wittek; Brussel, Kon. Musea voor Kunst en Geschiedenis, Hoofdconservator a.i. Dr. H. De Meulenaere; Deurne, Museum voor Kunstambachten Sterckshof, Conservator J. Walgrave; Gaasbeek, Kasteel, Conservator H. Vandormael; Gent, Museum voor Schone Kunsten, Conservator R. Hoozee; Gent, Museum voor Sierkunst, Conservator L. Daenens; Graz, Landesmuseum Joanneum, Alte Galerie, Directeur Prof. Dr. K. Woisetschläger; Graz, Landesmuseum Joanneum, Abteilung Schloss Eggenberg, Frau Dr. B. Ruck; Ieper, Stedelijk Museum, Conservator O. Mus; Innsbruck, Tiroler Landesmuseum Ferdinandeum, Directeur Univ.-Doz. Dr. G. Ammann; Innsbruck, Stift Wilten, Prälat A. Stöger; Mechelen, Bibliotheek Gerechtshof; Mechelen, Metropolitaanse Kerkfabriek van de Heilige Rumoldus, Voorzitter E. Goffinet; Mechelen, O.C.M.W.; Mechelen, Stadsarchief, Archivaris H. Installé; Mechelen, Stedelijke Musea Hof van Busleyden en De Zalm, Conservator M. Bafcop; Mechelen; Vereniging voor Archeologie, Voorzitter J. Verbeemen; München, Bayerische Staatsgemäldesammlungen, Alte Pinakothek, Directeur-Generaal Dr. H.F. von Sonnenburg; Nürnberg, Stadtgeschichtliche Museen, Directeur Dr. H. Schreyl; Patsch (Innsbruck), Graf Franz von Thurn und Taxis; Wien, Bildarchiv und Porträtsammlung der Österreichischen Nationalbibliothek, Directeur Hofrat Dr. W. Wieser; Wien, Gemäldegalerie der Akademie der bildenden Künste, Directeur Dr. H. Hutter; Wien, Graphische Sammlung Albertina, Directeur Dr. E. Mitsch; Wien, Haus-, Hof- und Staatsarchiv, Directeur Dr. G. Rill; Wien, Heeresgeschichtliches Museum, Directeur Hofrat Dr. F. Kaindl; Wien, Historisches Museum der Stadt, Directeur Hofrat Dr. R. Waissenberger; Wien, Hofburg Schauräume, Directeur Dr. P. Parenzan; Wien, Kunsthistorisches Museum, Directeur-Generaal Univ. Prof. Dr. H. Fillitz; Gemäldegalerie, Directeur Dr. K. Schütz; Sammlung für Plastik und Kunstgewerbe und Tapisserien-Sammlung, Directeur Dr. M. Leithe-Jasper; Waffensammlung, Directeur Dr. Chr. Beaufort-Spontin; Wien, Österreichisches Museum für angewandte Kunst, Directeur P. Noever; Kunstblättersammlung/Bibliothek, Leiter Frau Dr. H. Egger; Kleinmöbel/Wiener Werkstätte, Leiter Frau Dr. E. Schmuttermeier; Glas u. Faience, Leiter Frau Dr. W. Neuwirth; Wien, Niederösterreichisches Landesmuseum, Directeur Wirkl. Hofrat Prof. J. Gründler; Kunstabteilung, Prof. Dr. W. Weninger; Wien, Österreichische Galerie im Belvedere, Directeur Dr. H. Adolph; Wien, Österreichische Nationalbibliothek, Directeur Prof. O. Mazal; Wien, Theresianische Akademie, Directeur G. Wallner; Wiener Neustadt, Kommando der Theresianische Militärakademie.

Woord vooraf

Een dynastie, de Habsburgers. Een tentoonstelling waartoe de Stad Mechelen het initiatief nam. Een geslaagd initiatief dunkt ons.

Binnen het grootse Europalia-festival, dat dit jaar aan Oostenrijk gewijd wordt, kon een dergelijk onderwerp niet onbehandeld blijven. De geïnteresseerde bezoeker krijgt op die manier immers een beeld van de figuren die van het eind van de 15de tot de 18de eeuw het bewind voerden over de Oostenrijkse Nederlanden en hier het politieke toneel beheersten. Dat daarbij speciale aandacht wordt besteed aan de periode van Margareta van Oostenrijk, ligt in een stad als Mechelen voor de hand. In het voormalige paleis van de landvoogdes roepen meubelstukken en gebruiksvoorwerpen de sfeer op van het leven van weleer.

Voldoende elementen dus om een interessante bijdrage te kunnen leveren tot een beter begrip van de historische achtergrond die de geschiedenis van Oostenrijk en de Zuidelijke Nederlanden aan elkaar koppelde.

Het Gemeentekrediet is daarom graag ingegaan op het verzoek van de stad Mechelen en heeft in de vorm van de voorliggende catalogus zijn medewerking verleend aan dit verdienstelijk opzet.

F. NARMON,
Voorzitter van het Directiecomité
van het Gemeentekrediet

Ten geleide

Het is de eerste maal dat de Stad Mechelen geïntegreerd wordt in de reeks van kunstmanifestaties, die om de twee jaar door Europalia worden georganiseerd, en die sedert het ontstaan ervan een zeer grote internationale faam hebben verworven.

Mogen wij bij deze gelegenheid even in herinnering brengen dat onze stad sedert meer dan vijfentwintig jaar geregeld tentoonstellingen inricht, die in binnen- en buitenland grote weerklank hebben gevonden. Zij zijn te talrijk om ze hier op te sommen, hierbij uitzondering gemaakt voor de prestigieuze expositie van 1973, "500 Jaar Grote Raad – Van Karel de Stoute tot Keizer Karel", die één der hoogtepunten is geweest in het rijke kunst- en cultuurbeleven van onze stad. Dit is een illustratie van wat reeds als een traditie mag worden beschouwd, namelijk de inrichting, praktisch om de drie jaar, van tentoonstellingen met internationaal karakter, zonder dat daarom in het minst de nationale kunstuitingen en de plaatselijke kunstenaars zouden vergeten worden.

Bij gelegenheid van deze groots opgevatte tentoonstelling, "De Habsburgers en Mechelen", wordt een historisch en artistiek beeld opgehangen van de politieke en culturele rol die het Habsburgse Huis in de Nederlanden en ipso facto ook in deze stad heeft vervuld.

Dit komt duidelijk tot uiting, zowel in de presentatie van een reeks portretten van vorsten, diplomaten en politieke figuren, als door de voorstelling van een aantal documenten, met als sluitstuk een evocatie van het dagelijks leven tijdens de periode van de laat-gotiek en vooral de Renaissance.

Het grootste gedeelte van de getoonde kunstwerken is, hoe zou het ook anders kunnen, uit Oostenrijk afkomstig. Er zijn bruiklenen uit niet minder dan een twaalftal Weense musea en instellingen, maar wij vermelden ook graag de uiterst belangrijke bijdragen van de musea van Innsbruck, Graz en Wiener Neustadt, naast een zeer gewaardeerde particuliere toezegging.

Wij moeten er ook de nadruk op leggen dat een aantal musea, openbare en private instellingen, naast particuliere verzamelaars van eigen bodem bereid zijn gevonden om kostbare kunststukken uit te lenen, als speciale bijdrage voor dit specifiek Europalia 87 Österreich kunstgebeuren. Het internationale aspect wordt vervolledigd door de deelname van het stadsmuseum van Nürnberg en de beroemde Alte Pinakothek van München.

Namens het stadsbestuur richten wij een zeer bijzonder dankwoord aan het adres van het Gemeentekrediet van België, dat het mecenaatsinitiatief op zich heeft willen nemen voor wat het drukwerk van deze tentoonstelling betreft.

Wij wensen nog andere woorden van dank te betuigen, die wij richten aan:
Dhr. M. Bafcop, Conservator Stedelijke Musea, coördinator van de tentoonstelling, die alle bruiklenen uit Oostenrijk heeft bedongen; Dhr. H. Installé, Stadsarchivaris, die in hoofdzaak alle documenten over de Habsburgse tijd heeft samengebracht; Mevr. M. Eeman, Hoofd Dienst Monumentenzorg, die instond voor de specifieke afdeling in de Troonzaal van het Paleis van Margareta van Oostenrijk; het personeel van de diensten Musea en Archief en de dienst Openbare Werken van de stad, voor de vele materiële uitvoeringen.

Tot besluit willen wij aanstippen dat deze tentoonstelling kon gerealiseerd worden door de participatie van meerdere binnen- en buitenlandse instanties, medewerkers aan het globale Europalia 87 Österreich project. Zij liggen mede aan de basis van een expositie, waarvan wij hopen dat zij een groot succes zal kennen, betekenisvol voor Mechelen als verdere uitstraling van een stad met een rijk kunstbeleven.

G. JORIS,
Burgemeester

Een schematische historisch-artistieke benadering

Marc BAFCOP
Conservator Stedelijke Musea

Deze tentoonstelling is in generlei opzicht een herhaling van de grote Margareta van Oostenrijk-expositie, die in 1958 te Mechelen werd georganiseerd bij gelegenheid van de Wereldtentoonstelling. Zij is evenmin een kopie van de vermaarde tentoonstelling "500 Jaar Grote Raad – Van Karel de Stoute tot Keizer Karel", die in 1973 is uitgegroeid tot één der hoogtepunten van het kunstbeleven in onze stad. Europalia 87 Österreich legt ditmaal het accent op de historische en artistieke rol welke het aandeel is geweest van het Habsburgse huis langs Oostenrijkse zijde.

Het huwelijk van Maximiliaan van Oostenrijk met Maria van Bourgondië is voor de Nederlandse gewesten van een primordiale betekenis geweest, niet enkel op politiek vlak, maar zonder twijfel ook voor wat de culturele en artistieke verruiming betreft, hoofdzakelijk door de versmelting van de cultuur van de Bourgondische adel met deze van het huis der Habsburgers. Men mag niet vergeten dat de hertogen van Bourgondië, door een reeks van huwelijksallianties, zich zozeer in onze gewesten hadden ingeplant, dat zij hier praktisch permanent kwamen wonen.

Zijzelf en onze eigen bevolking hadden het erg moeilijk om Maximiliaan te accepteren, hij die nog erg in de feodale ideeën vastgeankerd lag, een vorst met romantisch getinte, tevens nog ridderlijk ingestelde gebruiken.

Langs de andere zijde moet aangestipt worden dat Maximiliaan, die men wegens zijn letterkundige geschriften ooit de "Weise Künig" heeft genoemd, zich dankbaar heeft getoond tegenover de steden Mechelen en Antwerpen, die hem hadden ondersteund. Deze dank betrof onder meer het stimuleren van het kunstbeleven en de culturele uitstraling in het algemeen. Een paar portretten van Maximiliaan en Maria van Bourgondië, geschilderd rond 1480, leggen hiervan getuigenis af.

Maximiliaan huldigde de idee van de natie nog steeds volgens het Romeinse soevereiniteitsprincipe:

Cat. nr. 11

"Un roy est estably par la volonté et ordonnance du peuple".

De diverse andere soevereinen zochten trouwens overal steun bij de verschillende parlementen en bij de nationale consultatieorganismen, die overeenkomsten moesten goedkeuren of verwerpen.

Drie voorbeelden leggen hiervan getuigenis af:

1473: Samenkomst van Karel de Stoute en Frederik van Habsburg te Trier;

1473: Oprichting van de Grote Raad of Parlement van Mechelen;

1482: Vrede van Arras tussen de Franse koning Lodewijk XI en Maximiliaan van Oostenrijk.

Karakteristiek op artistiek gebied is het feit, dat op het einde van de 15de en in het begin van de 16de eeuw pogingen merkbaar zijn om zich los te maken, zonder de principes ervan te verwerpen, van de gotiek die gans Europa zo lang had gedomineerd. Die vernieuwing treedt in deze overkoepelende tentoonstelling duidelijk op de voorgrond, voorzeker in de portrettering van veel historische personages, die vooral een politieke rol hebben vervuld. Naast voornamelijk anonieme kunstenaars uit de 16de eeuw, mogen hier een paar grote namen vermeld worden.

Van Albrecht Dürer zijn er meerdere portretten van Maximiliaan, terwijl Antonio Moro Margareta van Parma portretteerde. Verder moeten de namen vermeld worden van Otto Venius, Lucas Van Valckenborch, Hans Burgkmair, H. Daucher, Bernhard Strigel, Barend Van Orley, Jan Van Battel, Nicolaas Hoogenberg. Deze en nog andere meesters zijn in de tentoonstelling vertegenwoordigd met portretten van Aartshertog Albrecht VII, Aartshertog Ernst, Aartshertog Matthias, Keizer Karel V, Maximiliaan, Maria van Bourgondië, Margareta van Oostenrijk, naast nog een aantal anderen.

Dit alles wijst op de verbondenheid van ook Mechelse kunstenaars met het Habsburgse huis. De hofhouding van Margareta van Oostenrijk is hieraan allerminst vreemd aan. Ook Dürer verbleef tijdens zijn reis doorheen de Nederlanden te Mechelen, waar hij een goudsmid portretteerde, een tekening die te Berlijn wordt bewaard.

Uit het voorgaande blijkt hoezeer er op artistiek gebied gestreefd werd naar een aantal psychologische transformaties, die voor een deel de materiële innovaties van het dagelijkse levenspatroon moesten weergeven. Hierbij verwijzen wij naar het vernieuwde comfort in de woning, de zin voor ornament en een geheel gewijzigde artistieke expressie. Deze nieuwe vormentaal komt speciaal tot uiting in de tentoonstellingsafdeling van toegepaste kunst, gepresenteerd in de Troonzaal van het voormalige Paleis van Margareta van Oostenrijk.

Het is inderdaad zo dat Margareta enorm veel heeft bijgedragen tot de ontluiking van de Renaissancekunst in onze gewesten in het algemeen en te Mechelen in het bijzonder. Zij was natuurlijk in eerste instantie de landvoogdes, als dusdanig door haar vader Maximiliaan aangeduid. Maar daarnaast propageerde zij een nieuwe kunstrichting, die totaal in de lijn van haar eigen persoonlijkheid lag, met het accent op kennis en intelligentie. De Renaissance ontstond trouwens uit de ontwikkelingsgang van de absolute monarchie naar de kapitalistische bourgeoisie toe.

Zo vertonen de meeste kunstwerken in deze tentoonstelling de karakteristieke kenmerken van de Renaissance en het Humanisme. De kunst van de Renaissance is profaan. Zij is individualistisch ingesteld en integreert zich in het dagelijkse leven, waarbij welvaart en rijkdom leiden tot de uitbeelding van pittoreske en sensuele zeden. De strikt individualistisch ingestelde kunstenaars – Albrecht Dürer is er een treffend voorbeeld van – beelden als voornaamste onderwerp de MENS uit. Hun portretten vertonen een menselijke grootheid en waardigheid, zuiver humanistisch uitgepenseeld, met het accent op de menselijke rede.

Van dit alles is het Hof van Margareta van Oostenrijk te Mechelen een typisch voorbeeld geweest. Mag hierbij nog vermeld worden dat de Nederlanden toen een verzameling van provinciën vormden die aan éénzelfde machthebber onderworpen waren. Maximiliaan en Filips de Schone hadden pogingen ondernomen om het land te verenigen onder hun absolute heerschappij, maar zij kwamen in botsing met de geest van particularisme en onafhankelijkheid van hun onderdanen, en dit was opnieuw een specifieke ingesteldheid van de Renaissance. Maximiliaan heeft dit moeten ervaren toen de Staten-Generaal, in 1507 te Mechelen verenigd, hem duidelijk lieten verstaan dat zij zijn regentschap niet genegen waren. Hij stelde dan zijn dochter Margareta van Oostenrijk als plaatsvervangster aan.

En zij slaagde erin de Habsburgse verzuchtingen te verzoenen met de eisen van onze gewesten, waarbij zij tevens een enorme impuls wist te geven aan alles wat met kunst en cultuur te maken had, binnen het kader van haar schitterende hofhouding.

De 17de eeuw kondigde zich aan als een artistiek en cultureel dieptepunt. Het was een periode van crisis, waarbij het individu in al zijn activiteiten getroffen werd. De oorzaak hiervan, voor wat onze gewesten betreft, moet gezocht worden in bepaalde politieke "imperialistische pogingen". De meest geduchte waren wel deze van het Habsburgse huis, zowel langs Spaanse als langs Oostenrijkse zijde.

Cat. nr. 9

De Oostenrijkse tak verwierf enorme territoriale bezittingen onder de impuls van Ferdinand, jongere broer van Keizer Karel. Te Wenen zelf waren de Habsburgers de natuurlijke beschermers van het christendom tegen de ongelovigen, waarbij hoofdzakelijk het Turkse gevaar bedoeld werd.

In deze eeuw manifesteerde zich ook een gevoelscrisis, die zich zeer sterk in de kunst heeft geopenbaard. De gewijzigde kunstsensibiliteit kreeg de naam van "Barok". Het is een term die een mysterieuze smaak in zich draagt, emotief, passioneel en zelfs als bovennatuurlijk bestempeld. Deze diverse elementen vermengen zich met natuuruitbeeldingen en een speciale aandacht voor de volkskunst. Op kunstgebied treden toch drie grote namen op de voorgrond: El Greco, Rubens, Rembrandt.

Vanaf de 18de eeuw is er een kentering merkbaar, zowel op politiek, economisch-sociaal als op kunstgebied.

De Habsburgse keizer bezit een uitgestrekt territorium. Hij is aartshertog van Oostenrijk, tevens koning van Bohemen en Hongarije. Zijn bezittingen zijn in oppervlakte gelijk aan deze van de koning van Frankrijk, maar zij brengen vijf keer minder op. Bij ons heeft Karel VI weinig of niets gerealiseerd ten opzichte van het economisch herstel van de Vlaamse en Brabantse steden, laat staan voor wat de kunst betreft. Zijn hoofddoel was een dynastieke regeling ten voordele van zijn dochter Maria-Theresia, waarbij alles aan de belangen van het Oostenrijkse huis werd opgeofferd.

Keizerin Maria-Theresia is een centrale figuur geweest, die tal van hervormingen doorvoerde, hierin bijgestaan door kanselier von Kaunitz en haar zoon Jozef. Zij was een geliefde persoonlijkheid, door haar onderdanen als "moeder des vaderlands" betiteld. De belangrijkste verwezenlijking van deze realistisch ingestelde vrouw was wellicht haar politiek van centralisatie, een streven dat door Jozef II werd voortgezet. Deze zocht tevens een oplossing voor de zogenaamde Barrièrekwestie, waarbij hij erg ver ging, onder meer door zijn pogingen om een vrije Scheldevaart te bekomen. Karel VI, Maria-Theresia, Jozef II en diverse gouverneurs van onze gewesten zijn op de tentoonstelling goed vertegenwoordigd met portretten van gekende Oostenrijkse kunstenaars, zoals M. von Meytens, J. Zoffany, A. von Maron en Johan Auerbach, naast enkele anonieme meesters.

Deze portretten vormen een sluitstuk van de kring rondom het Habsburgse huis, gaande van Maximiliaan, de absolutist, over Margareta van Oostenrijk en Keizer Karel, tot en met de beide figuren van Maria-Theresia en Jozef II, die het tijdperk van de zogenaamde "Aufklärung" hebben ingeluid.

De betrekkingen tussen het Habsburgse Huis en de "Nederlanden"

Univ. Doz. Dr. Karl VOCELKA
Institut für Österreichische Geschichtsforschung
Universität Wien

Het Habsburgse Huis, dat ook als casa d'Austria vernoemd wordt en aldus ook met de naam Oostenrijk, was een dynastie die sedert 1282 macht uitoefende.

De betrekkingen tussen dit Huis en de huidige Beneluxstaten – in vroegere tijd meestal zonder onderscheid tussen noord en zuid als "Nederlanden" aangeduid – waren veelvuldig en van langdurige aard.

Drie probleemstellingen moeten hier vernoemd worden:

1. De verovering van Bourgondië door Maximiliaan I tot aan de afstand van het territorium aan de Spaanse Habsburgers.
2. De pogingen van diverse leden uit de Oostenrijkse tak van het Habsburgse Huis om politiek actief te zijn in de zogenaamde Nederlandse opstand.
3. De situatie van de Zuidelijke Nederlanden in het bezit van de Oostenrijkse Habsburgers na de Spaanse Successieoorlog, tot aan de machtsovername door Frankrijk.

De verovering van Bourgondië door de Habsburgers

Het Bourgondische territorium kon bogen op de oude tradities van het Bourgondische Koninkrijk. Het meldde zich in 1362 in een nieuwe vorm aan, toen de Franse koning Jan de Goede zijn jongste zoon Filips de Stoute als leenheer van het hertogdom Bourgondië aanstelde.

Door zijn huwelijk met Margareta van Vlaanderen verwierf Filips korte tijd nadien ook nog Vlaanderen, Artois, Nevers, Rethel, Mechelen, Antwerpen en het vrije graafschap Bourgondië. Later kon Filips de Goede dit bezit verder uitbreiden met de graafschappen Namen, Brabant, Limburg, Henegouwen, Holland en Zeeland. Door de Vrede van Arras in 1435 kwamen daar nog gebieden in Frankrijk en in 1443 ook nog Luxemburg bij.

Karel de Stoute, zoon van Filips de Goede, streefde er nu naar deze territoriale veroveringen, ten noorden en ten zuiden van Lotharingen gelegen, door verwerving van het ganse gebied om te vormen tot een eenheidsstaat.

Tijdens de Bourgondische oorlogen tussen 1474 en 1477 bekampte hij de Zwitsers en knoopte hij nauwe politieke banden aan met de Habsburgse keizer Frederik III. Karel de Stoute sneuvelde in 1477 in de slag bij Nancy. Hij had geen mannelijke erfgenamen.

Keizer Maximiliaan I werd nu erfgenaam van diens rijk. Kort na het overlijden van Karel de Stoute kon hij zijn sedert lang gekoesterd huwelijksvoornemen met de hertogin Maria, erfgename van Bourgondië, uiteindelijk realiseren. Dit huwelijk had verregaande historische gevolgen. Politiek gezien is er het verstrekkende conflict met Frankrijk, dat evenzeer aanspraak maakte op de Bourgondische erfenis. Toch konden de Habsburgers hun plannen grotendeels waar maken, want zij moesten enkel Bourgondië, Picardië en Boulogne prijsgeven. Daarentegen moest Frankrijk door de Vrede van Madrid in 1526 verzaken aan het leenheerschap over Vlaanderen en Artesië.

De politieke integratie, of tenminste toch de poging het hertogdom Bourgondië in het Rijk in te kapselen, houdt rechtstreeks verband met deze verwervingen.

De verbondenheid tussen het rijke Bourgondië en het Heilige Roomse Rijk werd uiteindelijk in 1512 bekrachtigd door het tot stand komen van het Bourgondische rijksgebied, dat de hertogen van Bourgondië, d.w.z. het Vrije Graafschap, Franche Comté, de Nederlanden, alsook de graaf van Nassau en enkele graven en heren in hun gebied wilden gerealiseerd zien. Het Verdrag van Augsburg van 1548 verleende nog meer kracht aan deze bijzondere positie. Het bracht tevens klaarheid inzake de afhankelijkheid van deze bezittingen tegenover het Rijk en diens beschermende houding ten opzichte van Bourgondië. Deze toestand bleef tot in 1648 bestaan en hij had ook geen betekenis in de praktijk, daar de gebieden in kwestie enerzijds van Spanje en anderzijds van Frankrijk afhankelijk waren.

In deze ganse context gezien waren de culturele uitstralingen minstens even belangrijk als de politieke gevolgen. De culturele bloei van de late Middeleeuwen, zo treffend door Johan Huizinga in zijn fascinerend boek "Herfsttij der Middeleeuwen" weergegeven, werd door de Habsburgers in de ganse verhevenheid van het woord overgenomen. Vele kunstenaars, die voor hen hebben gewerkt, waren uit Bourgondië afkomstig. Belangwekkende culturele en plechtige tradities werden vanuit dat gewest, via Spanje, aan Oostenrijk overgeleverd. Aldus ook het Bourgondisch-Spaanse hofceremonieel, dat in het Spanje van Karel V zijn hoogtepunt bereikte, tot het ten slotte in gans Europa navolging kreeg.

Zo werd ook het Bourgondische huisordeteken, met name het Gulden Vlies, dat in 1429 door Filips III – de Goede – van Bourgondië werd gesticht, door Maximiliaan I integraal overgenomen. Evenzeer als in Bourgondië vervulde deze thans nog bestaande orde, waarvan de leden katholiek moeten zijn, in het begin van de "Nieuwe Tijden" – vooral dan tijdens de contrareformatie – een sterk integrerende rol ten overstaan van de oorspronkelijk op confessioneel gebied verdeelde adel in de Habsburgse landen.

Cat. nr. 15

De rol van de Oostenrijkse Habsburgers in de opstandige Nederlanden

Maximiliaan I stelde zijn dochter Margareta, die tweemaal vroeg weduwe was (eerst van Juan van Spanje in 1501, daarna van Philibert van Savoye in 1504), in 1507 als landvoogdes der Nederlanden aan. Tot 1530 bestuurde zij vanuit Mechelen de Nederlanden, Bourgondië en Savoye met grote omzichtigheid.

Tijdens deze eerste gezagsperiode van de Spaanse Habsburgers veroverde Karel V bovendien nog Utrecht in 1528 en Gelderland in 1543. Het was pas tijdens het bewind van de Spaanse koning Filips II, die sinds 1556 over de Nederlanden heerste, dat er moeilijkheden ontstonden.

Onder de landvoogdes Margareta van Parma, een bastaarddochter van Karel V en Johanna van der Gheijnst, die een tweede huwelijk met Ottavio Farnese aanging, verscherpten de spanningen zozeer, dat het in 1566 tot een begin van opstand in de Nederlanden kwam. Vanaf 1567 heeft de hertog van Alva gepoogd deze opstand in te dijken, en wel op een gruwelijke wijze.

De terechtstelling van de graven Egmont en Hoorn, beiden ridders van het Gulden Vlies, leidde uiteindelijk tot een radicalisering van de bestaande toestand, die uitmondde in een langdurige open oorlog. Onder de landvoogdij van Don Juan d' Austria, natuurlijke zoon van Karel V, werd de situatie er niet beter op, integendeel. De massamoord in Antwerpen, waarbij 8.000 burgers het leven verloren, betekende een alles behalve goede intrede voor Don Juan, wiens oppositie tegen de Staten-Generaal en hun leidinggevende figuur, die Willem van Oranje was, alsmaar scherper werd.

Keizer Maximiliaan II betoonde om diverse redenen interesse voor de Nederlanden. Enerzijds wilde hij dit gebied, tenminste toch als landvoogd, bij de Oostenrijkse Habsburgers toevoegen, als tegenpool ten overstaan van het Spaanse Hof. Anderzijds waren de Nederlanden vanuit formeel oogpunt gezien een bestanddeel van dit Habsburgse Rijk.
De keizer beschouwde deze gevaarlijke haard van onrust, en ook de inmenging van vele Rijksvorsten, waarbij zelfs Frankrijk zich bij de opstandige beweging aansloot, als een echt gevaar voor de keizerlijke politiek. Hij poogde telkens opnieuw, tevergeefs echter, in dit conflict bemiddelend op te treden.

Dadelijk na het overlijden van Maximiliaan II in 1577 dook plotseling en zonder opdracht aartshertog Matthias, één van de vele zonen van deze keizer, in de Nederlanden op. Hij had er wel connecties met de katholieke adellijke partij, en hij poogde als het ware een derde kracht tussen de partijen tot stand te brengen. De Oostenrijkse dichter Franz Grillparzer heeft deze idee uitstekend verwoord in zijn drama "Ein Bruderzwist in Habsburg", waarbij hij Matthias het volgende in de mond legt:

"Doch war der Plan, gesteht es, göttlich schön:
"Hineinzugreifen in den wilden Aufruhr
"Und aus den Trümmern, schwimmend recht
und links,
"Sich einen Thron erbaun, sein eigner Schöpfer,
"Niemand darum verpflichtet als sich selbst.

Hij geraakte daarmee uiteraard in conflict met Filips II en diens halfbroer Don Juan d'Austria. Zijn eigen broer, Keizer Rudolf II, verzeilde tevens in een onaangename politieke situatie, die tien jaar lang een vaak openlijke vijandschap tussen beiden als gevolg had. Matthias slaagde erin zich de vijandschap op de hals te halen van alle partijen voor wat de internationale politiek betrof. Wel kon hij zich in het gebied als landvoogd handhaven door de aanstelling van de Prins van Oranje als Luitenant-Generaal.

De interne spanningen tussen de politieke en godsdienstige partijen leidden in 1579 uiteindelijk tot een scheiding van de Zeventien Provinciën, tevens ook tot het tot stand komen van de Unie van Atrecht en deze van Utrecht.

De zeer handige militaire interventie van Alexander Farnese langs de ene zijde en anderzijds de radicalisering van de Calvinisten brachten Matthias in een steeds moeilijker positie. De mislukking van de keizerlijke vredesonderhandelingen tijdens de Keulse pacificatiedag droeg er vooral toe bij, dat Matthias graag afzag van de vroeger zo begeerde functie van landvoogd.

Op 15 mei 1581 moest Matthias zijn ontslag indienen, maar hij kon slechts in oktober vertrekken, nadat hij zijn schulden had vereffend.

De splitsing van de Zuidelijke en de noordelijke provinciën, die zich onder Matthias reeds zeer voelbaar aankondigde, werd nu een feit. Bij de Unie van Utrecht in 1581 kwam het tot een breuk tussen Spanje en de Habsburgers, waarbij de Zuidelijke Nederlanden aan Alexander Farnese onderworpen werden en een Spaanse provincie bleven.

In 1594 werd in deze provincie een andere zoon van Maximiliaan II, met name aartshertog Ernst, als landvoogd aangesteld. Ondanks zijn oorspronkelijk vredelievende intenties moest hij oorlog voeren tegen de noordelijke provinciën, aangevoerd door Maurits en Willem-Lodewijk van Nassau. Hij overleed tijdens het oorlogsgebeuren in 1595. Korte tijd nadien werd een andere zoon van Maximiliaan II, aartshertog Albrecht, de nieuwe landvoogd. Deze was oorspronkelijk aartsbisschop van Toledo, maar na zijn secularisering trouwde hij met de Spaanse Infante Isabella Clara Eugenia. Door het Verdrag van Vervins van 1598 kon hij vrede tot stand brengen tussen noord en zuid.

De aartshertogen Albrecht en Isabella slaagden er nadien in de contrareformatie in de Spaanse provincie door te voeren, waarbij zij tot erfelijke landvoogden werden aangesteld. Zij overleden echter kinderloos.

Vanuit de gezichtshoek van het huidige Oostenrijk mag worden gesteld dat het gezag van de Habsburgse prinsen over de Nederlanden op cultureel gebied beslist van blijvende betekenis is geweest. Aartshertog Ernst trad inzonderheid op de voorgrond als verzamelaar van Brueghelschilderijen, en tevens mag de verwerving van een gedeelte van de zeer mooie Weense collectie van Hollandse meesters aan hem worden toegeschreven.

Cat. nr. 79

Ook Albrecht en Isabella betoonden veel kunstinteresse, inzonderheid voor de kunstwerken van Rubens en Van Dijck. De vele kunstenaars uit de Nederlandse gewesten, die werkzaam waren aan het Hof van Rudolf II, legden evenzeer getuigenis af van de wisselwerking tussen de beide culturele invloedssferen, waarvan het resultaat niet in het minst merkbaar is in de verzamelingen van het Kunsthistorisches Museum te Wenen.

De Oostenrijkse Nederlanden

De Spaanse provincie was door de samenvoegingspolitiek van Lodewijk XIV kleiner geworden en moest tegelijk tegen economische en politieke concurrentie van Frankrijk en de noordelijke Nederlanden optornen. Tevens was er het probleem van de Barrièrepolitiek, vastgelegd in het Verdrag van Nijmegen in 1679. Na de Spaanse successieoorlog kwam de provincie uiteindelijk door de Vrede van Utrecht in 1714 onder het bewind van de Oostenrijkse Habsburgers.

Het bewind van Prins Eugen van Savoye (1716-1724) kenmerkte zich door religieuze tolerantie. Nog later kon het in Midden-Europa erg invloedrijke Jansenisme zich goed manifesteren, mede door de kerkhervormingen van Maria-Theresia en Jozef II. Langs de andere kant waren de handelspogingen van Keizer Karel VI, die tot uitdrukking moesten komen door de Stichting van de Oostendse handelscompagnie, door de Barrièrepolitiek tot mislukking gedoemd.

Het land werd ten gevolge van de Oostenrijkse successieoorlog (1714-1748) opnieuw een oorlogstoneel. Het kwam slechts tot rust onder het stadhouderschap van Maria-Anna, zuster van Maria-Theresia, en haar echtgenoot Hertog Karel van Lotharingen (1748-1780).

Het bewind van Maria-Christine, de lievelingsdochter van Maria-Theresia, en haar man Hertog Albert von Sachsen-Teschen, die de grondlegger was van de wereldberoemde grafische verzameling van de Albertina, niet in het minst rijk aan Nederlandse kunst, ging met grote moeilijkheden gepaard.

Keizer Jozef II voerde in de Oostenrijkse Nederlanden, evenals in zijn overig gezagsgebied, radicale hervormingen door, die een centralisering van de administratie omvatten ten koste van een autonoom streven, en tevens ook de ondergeschiktheid van de kerk aan de staat.

Op het einde van Jozefs regeringsperiode was het land in opstand gekomen. In 1788 moesten de Oostenrijkse troepen de provincie verlaten en onder de invloed van de Franse Revolutie werden in 1790 te Brussel de "Verenigde Belgische Staten" uitgeroepen.

De opvolger en broer van Jozef, Keizer Leopold II, was een verstandig, pragmatisch denkend en praktisch redenerend politicus. Na de verdeeldheid, veroorzaakt door de revolutionaire beweging binnen de Verenigde Belgische Staten kon hij in 1790 het Oostenrijkse gezag weliswaar herstellen, maar dit succes was slechts van korte duur.

Bij de aanvang van de eerste coalitieoorlog van 1792 ging het gebied militair verloren door de Verdragen van Campo Formio (1797) en van Lunéville (1801). Maar ook overeenkomstig het volkerenrecht moesten de Oostenrijkse Habsburgers afstand doen van dit gebied, dat zolang deel had uitgemaakt van hun rijk.

Hetgeen overblijft zijn de sporen van de wederzijdse culturele invloed. Deze zijn in even grote mate merkbaar bij de studie van de Oostenrijkse cultuur- en geestesgeschiedenis, als bij iedere stap doorheen de Weense musea, die de schatten bewaren van dit bepaald West-Europees gebied, dat eenmaal "Oostenrijks" was, en dat er zo bijzonder rijk vertegenwoordigd is.

(Vertaling M. Bafcop)

Cat. nr. 14

De Habsburgers, drie eeuwen Heren van Mechelen

Henri INSTALLE
Stadsarchivaris

De heerlijkheid Mechelen zoals zij groeide uit het feodale bezit van de Berthouts, werd in de 16de eeuw de kleinste der zeventien zelfstandige provinciën die Keizer Karels Nederlanden vormden. Zij bestond uit drie delen: de stad, het *district* en het *ressort*. De stad vormde het hoofd van deze kleine provincie. Haar omtrek, vestingen inbegrepen, beliep aan het einde der 18de eeuw 820 Brabantse roeden (± 5 km). Het *district*, omvattende de dorpen Hever (569 bunder 78 roeden = ± 7.038.379 m²), Muizen met het gehucht Hofstade (907 bunder 2 dagwand 35 roeden = ± 11.222.772 m²), Hombeek (387 bunder 1 dagwand 78 roeden = ± 4.790.950 m²), Leest (679 bunder 3 dagwand 60 roeden = ± 8.407.302 m²) en Heffen (512 bunder 29 roeden = + 6.332.032 m²) en de gehuchten Hanswijck (147 bunder 90 roeden = ± 1.820.509 m²), Geerdegem (442 bunder 1 dagwand 11 roeden = ± 5.468.982 m²), Adegem of Auwegem met Winket (319 bunder 2 dagwand 62 roeden = ± 3.952.693 m²), Battel (317 bunder 3 dagwand 52 roeden = ± 3.930.744 m²), Pennepoel (548 bunder 66 roeden = ± 6.778.333 m²), Nekkerspoel (173 bunder 1 dagwand 12 roeden = ± 2.142.693 m²) en Nieuwland, dit laatste gelegen binnen de muren, ter plaatse van het voormalig augustijnenklooster (Augustijnenstraat).

Het *district* werd bestuurd door twee *meiers*, één voor Pennepoel, Nekkerspoel, Hever, Muizen, Hanswijck en Hofstade, de ander voor Geerdegem, Auwegem met Winket, Hombeek, Leest, Heffen en Battel. Voor al deze plaatsen waren er bijzondere commissarissen uit het *corpus* van de magistraat en elk gehucht of dorp had twee gezworenen, gekozen bij meerderheid van stemmen in aanwezigheid van de commissarissen *ad hoc* en de *meier* in kwestie.

Het *ressort* omvatte het dorp en de heerlijkheid van het *Land van Heist-op-den Berg* en het dorp en de heerlijkheid Gestel. Het dorp Heist-op-den Berg had een oppervlakte van 3860 bunder 3 dagwand 25 roeden (± 47.740.875 m²); Gestel van 169 bunder 27 roeden (± 2.090.603 m²).

Heist-op-den Berg was opgedeeld in 7 *aerdtgangen* of gehuchten: Bergeraerde, Hallaer, Laer, Sonderschot, Achterheyde, Boisschot, Werft, Bernhem en Bruggeneynde.

Tot 1704 behoorden een aantal gronden onder St.-Kathelijne-Waver, ten belope van ± 33 bunder (408.061 m²) gelegen op het *Eeckelveldt*, de *Biesmeuter* en het *Ketelveldt* bij Mechelen. Zij werden toen geruild met de heer van St.-Kathelijne-Waver, graaf de Merode, markies van Deinze, voor ongeveer 24 bunder 48 roeden (± 298.255 m²), die deze laatste binnen het *district* had liggen op Pennepoel en Nekkerspoel.

Het *ressort* had inzake bestuur niets gemeen met de stad Mechelen, tenzij dat de *placcaerten* door de centrale regering werden gestuurd aan de magistraat van Mechelen, die ze doorstuurde aan de *wet* van Heist, die ze op haar beurt doorstuurde aan de *wet* van Gestel. De heerlijkheid Mechelen bestond dus geografisch gezien uit twee perfecte enclaves binnen het *hertogdom Brabant*. Het zogenaamde *Land van Mechelen* had met Mechelen niets gemeen, tenzij dat het een reeks dorpen omvatte (in totaal 23, namelijk Rijmenam, Bonheiden, Keerbergen, Putte, O.L. Vrouw-Waver, Beersel, Schriek, Grootlo, Itegem, Noorderwijk, de heerlijkheid *Duffel 's Lands van Mechelen* en de baronie en het *Land van Duffel* (bestaande uit Walem, St.-Katelijne-Waver en Perwijs onder Duffel), Drogenbos, St.-Jacobs Capelle te Ekeren, de *Vrijheid en het Land van Geel* (bestaande voor wat betreft de vrijheid uit de parochies Geel, Sammel en Bel en voor wat betreft het *Land* uit Eindhout, Veerle, Oevel, Zoerle, Nechelpoel en Millegem); bovendien werden van deze *Vrijheid en Land* te leen gehouden o.m. de dorpen Vorselaar, Retie en Thielen, ten slotte Ouwen, Kontich, Waarloos, Reet, Aartselaar, Ballaar, Schelle en Niel, waarvan eertijds de Berthouts heer waren geweest, net als van Mechelen. Het *Land van Mechelen* had 3 rechtbanken in materie van onroerende goederen namelijk:
1° betreffende de feodale goederen het *leenhof van*

het Land van Mechelen, dat te Mechelen zetelde en bestond uit een stadhouder, vier *mannen van leene* en een griffier met eigen wetboek of *costumen*;
2° betreffende de allodiale goederen het *hof of de hoofdbank van Befferen* met zeven schepenen en een griffier, en als voorzitter de *hoofddrossaard* van het *Land van Mechelen*, eveneens van eigen *costumen* voorzien;
3° ten slotte voor domaniale goederen de *hoofd- en domaniale bank van Befferen*, bestaande uit dezelfde *hoofdbank* plus de rentmeester-generaal van de domeinen in het *Land van Mechelen*, eveneens begiftigd met eigen *costumen*. Deze *hoofd- en domaniale bank* zetelde op Pasbrug.

Door erfopvolging kwam het *Land van Mechelen* in het bezit van de familie van Arkel, vanwaar het later de naam *Land van Arkel* kreeg. Nog later kwam het in het bezit van de Egmonden en één van de geheime redenen waarom Lamoraal, graaf van Egmond, in 1568 terechtgesteld werd was juist dat rond die tijd zijn aanspraken op dit *Land van Mechelen* alias *van Arkel*, door de hoogste justitieraden dreigden erkend te worden ten nadele van de vorst, *in casu* Filips II, die de heerschappij erover, via zijn Bourgondisch-Habsburgse voorzaten reeds meer dan honderd jaar, sinds Karel de Stoute, usurpeerde.

Het enclave-statuut bracht voor de Mechelaars mee dat zij door hun bedrijvigheden en eigendommen buiten de provincie, zeer dikwijls met de rechtbanken van vreemde heren in aanraking kwamen. Uiteraard ontstonden hierover tussen de diverse betrokken rechtbanken torenhoge problemen over de wederzijdse bevoegdheden. In de loop van de 15de eeuw groeide hieromtrent een bepaalde vorm van consensus tussen Mechelen en drie van de vier *hoofdsteden* van Brabant (Brussel, Antwerpen en Leuven), die voor het eerst door hertog Filips de Goede in 1444 werd vastgelegd. Aan deze afspraken inzake territoriale jurisdictie van de diverse rechtbanken uit de ruime omgeving van Mechelen namen de dorpen, parochies, heerlijkheden etc... van het zogenaamd *Land van den Divisen Rechte* deel. Dit *Land van den Divisen Rechte* bestond uit drie leden:
1° de stad en provincie Mechelen;
2° de baronie en het *Land van Grimbergen*;
3° het *Land van Mechelen*.

Het moet ons dan ook niet verwonderen dat geopolitische verklaringen zeer verhelderend kunnen werken voor een goed begrip van de geschiedenis van onze stad.

De stad Mechelen in haar definitieve vorm, die bleef bestaan tot het einde der 18de eeuw, was omgeven door vesten, muren, grachten en *buytenwercken* doorbroken door acht poorten. De *wet* of *magistraat* van Mechelen bestond uit een *schout* of plaatsvervanger van de heer, die er een stadhouder of plaatsvervanger op na hield; twee *communemeesters*; twaalf schepenen, waarvan zes uit de poorterij, dit is het patriciaat, en zes uit de ambachten met name de lakenmakers, brouwers, visverkopers, bakkers, beenhouwers of slagers en huidevetters; twee raadpensionarissen; twee gezworenen uit de poorterij of *politiemeesters*; twee *tresoriers* waarvan één uit de poorterij en één uit de ambachten; twee secretarissen; twee griffiers en een rentmeester. Uit dit *corpus* werden sinds ± 1500 twee weesmeesters gekozen die samen met hun gezworen klerk de *weeskamer* vormden, evenals een *foerier*, instaande voor de bevoorrading van de doortrekkende of later hier gekazerneerde troepen. Verder was er een *amman* of vertegenwoordiger van de heer inzake het eigendomsrecht van onroerende goederen en werd de *wet* bijgestaan door drie *schepenknapen* en zes *dienaars*. Sinds de Grote Raad bezit had genomen van het oud-schepenhuis, thans stadsarchief, zetelde deze *wet* op *Den Beyaerdt*, thans postgebouw. Op de vergaderdagen van de magistraat werd daar ter plaatse 's morgens om acht uur mis gelezen in de speciaal daarvoor bestemde kapel door een kapelaan *ad hoc*. De *wet* of *corpus* van de *magistraat* vormde het eerste lid van wat men aan het einde der 18de eeuw de *Staten van Mechelen* ging noemen. Het tweede lid werd gevormd door de dekens der 17 zogenaamde *grote* ambachten met name:
van de wollewevers 2, van de schippers 4, van de droogscheerders 2, van de huidevetters 4, van de vleeshouwers 4, van de visverkopers 4, van de brouwers 4, van de bakkers 4, van de vettewariërs 2, van de smeden, ketelaars en mesmakers samen 4, van de *gezworenen van de Halle* 2, van de *peltiers* (bontwerkers) 1, van de kuipers 1, van de timmerlieden 2, van de metsers 2. Gemiddeld beliep het totale ledenaantal, met inbegrip van de magistraat, dus *circa* 70 man.

Voor alle feodale aangelegenheden was het *leenhof der provincie Mechelen* bevoegd, niet te verwarren met het *leenhof van het Land van Mechelen*.

Het eerste had enkel jurisdictie over de gronden binnen de stad, *district* en *ressort*, terwijl het andere zich uitstrekte over het domein van de dorpen van het *Land van Mechelen*, die met Mechelen alleen gemeen hadden dat ze ooit onder dezelfde familie der Berthouts hadden gehoord. Het *leenhof der provincie van Mechelen* had een *stadhouder*, *mannen van leene* en een griffier en zetelde binnen de stad. Het recht, crimineel zowel als burgerlijk en feodaal der stad en provincie Mechelen, werd definitief vastgelegd in de *costumen* door Karel V in 1535.

De Habsburgers doen als *heren* van Mechelen hun intrede in onze stad met Filips de Schone. Het huwelijk van zijn vader Maximiliaan met de erfdochter der Bourgondische hertogen, Maria de Rijke was hiertoe de aanloop. Maria's moeilijkheden na de dood van haar vader Karel de Stoute, boden de Mechelaars een uitgelezen kans zich in de gunst te werken van de rijzende Habsburgse zon, juist op het ogenblik dat de Bourgondische erflanden in haar macht overgingen. De oorlog met Lodewijk XI, zowel als de opstand der aan particularisme vasthoudende steden en gewesten, lieten de stad Mechelen toe haar loyauteit met de legitieme vorsten duidelijk in de verf te zetten. Zo zeer zelfs dat haar nieuwe wapen en

Cat. nr. 4

wapenspreuk, haar geschonken door Maximiliaans vader, de Duitse keizer Frederik III, daaraan het eeuwige aandenken zouden bewaren. *In trouwen vast* bleken de Mechelaars zowel door hun herhaalde levering van manschappen en logistieke steun voor de verdediging van Maria's erfenis als door het angstvallig bewaren en beschermen van haar en Maximiliaans kroost, gewichtig schaakstuk in de strijd om de macht tussen de vorsten en de standen. Het hoeft ons dan ook geenszins te verwonderen dat de jonge Filips in deze hem bij uitstek loyale stad het kapittel van de Orde van het Gulden Vlies hield in 1491 en er in 1503 de Bourgondische traditie van centralisatie van zijn grootvader Karel de Stoute terug opnam, door het Parlement van Mechelen te herstellen onder de naam Grote Raad. Een reeks van een dertigtal wapenborden bewaart de herinnering hiervan in de St.-Romboutskathedraal. De hechte band tussen Mechelen en de vorsten, eigenlijk ontsproten aan de eerder toevallige omstandigheid dat de heerlijkheid het voornaamste juweel was uit het weduwgoed van Karels tweede vrouw Margareta van York, die een zeer moederlijke genegenheid koesterde voor haar stiefdochter Maria, werd andermaal bevestigd toen Filips' zuster Margareta zich hier vestigde in het paleis van haar stief-grootmoeder, als landvoogdes der Nederlanden. Het vroegtijdig wegvallen van Filips en de precaire psychische toestand van zijn vrouw Johanna maakten van Mechelen ten tweede male het veilige nest waar de adelaarsjongen konden gekoesterd worden onder de beschermende vleugels van hun tante Margareta.

Meteen was de grondslag gelegd voor een kwarteeuw waarin deze stad een hoogtepunt zou bereiken dat zij sindsdien nooit meer zou evenaren. Het hof van Margareta van Oostenrijk maakte inderdaad niet alleen administratief, maar vooral cultureel, Mechelen tot de virtuele hoofdstad der Nederlanden. Muziek, schilderkunst en literatuur scheerden er hoge toppen. De bouwkunst schitterde met de voltooiing van het in Renaissancestijl uitgevoerde nieuwe paleis der landvoogdes, zowel als met het ontwerp en de aanzet van het onvoltooid gebleven paleis voor de Grote Raad. Ook tijdens de regering van Karel V bleef Mechelen actief bijdragen tot de oorlogsinspanning van deze beroemdste telg van het huis Habsburg, die het als kind onder zijn inwoners had mogen tellen en van wie het in 1535 de definitieve vastlegging en bekrachtiging verkreeg van zijn gewoonterecht, de *Costumen, Usanciën ende Stijl van Procederen der Stadt, Vrijheijt ende Jurisdictie van Mechelen*, expliciet in zijn hoedanigheid van *heer van Mechelen* gegeven. Evenmin onbelangrijk was het dat deze Gentenaar door geboorte, maar Mechelaar door adoptie, het artilleriearsenaal van zijn in de Nederlanden gelegerde troepen vestigde in het voormalig huis van ridder Arnold van Diest tussen Adegemstraat en Dijle. De bronsgieterij die hier reeds enige tijd bloeide was hieraan zeker niet vreemd en beide elementen samen zouden in de 17de en 18de eeuw nog belangrijke en voor Mechelen sociaal-economisch gunstige nawerkingen hebben, zoals de vestiging der kanongieterij (in de Oude Brusselstraat) en kanonboorderij evenals de legering van het hoofdkwartier van het Oostenrijks artilleriekorps in de Zuidelijke Nederlanden. Met de dood van Margareta van Oostenrijk begon Mechelens glorie voorgoed te tanen. Tot aan het einde van het *Ancien Régime* evenwel zou het hoofd van het Habsburgse Huis, hetzij van de Spaanse, hetzij van de Oostenrijkse tak, de titel van *heer van Mechelen* blijven dragen. Om begrijpelijke redenen wordt hier verder enkel aandacht geschonken aan de vertegenwoordigers van deze laatste familie in hun hoedanigheid zowel van heer als van plaatsvervanger van de vorst, met de titel van gouverneur-generaal of een equivalent daarvan. Uiteraard valt er voor de Oostenrijkse Habsburgers die als landvoogden tijdens de zogenaamde Spaanse periode van onze geschiedenis optraden, in verband met Mechelen wenig meer aan te stippen dan hun aanstelling en de berichtgeving daarvan aan de Mechelse overheid, benevens enige correspondentie die volledig past in de woelige tijdsomstandigheden die de tweede helft der 16de en de 17de eeuw kenmerken. Dat is het geval met de aartshertogen Matthias, Ernst, Andreas, Albrecht en Leopold-Willem.

Gans anders wordt het terug met de 18de eeuw. De Habsburgse heerschappij laat zich duidelijk herkenbaar voelen zowel in positieve als in negatieve zin. Het autoritaire optreden van de markies van Prié, als gevolmachtigd minister van de landvoogd, Prins Eugen van Savoye, de favoriete veldheer van Karel VI, heeft niet alleen te Brussel de opstand der ambachten tot gevolg gehad, maar leidde ook te Mechelen tot het zogenaamde oproer der buildragers in 1718. De eigenlijke grond van de zaak was evenwel een zich reeds aankondigend modernisme in de administratieve aanpak der staatkundige problemen door de Oostenrijkse Habsburgers. Deze tendens zou uitmonden in het efficiënte en welvaart brengende bestuur van Karel-Alexander van Lotharingen en zijn medewerker Patrice-François de Neny, in de tweede helft van de eeuw. Nu evenwel bracht het aantasten van de oude stapelrechten van vis, haver en zout waarvan Mechelen sinds 1301 genoot, een zware crisis teweeg, die zich vertaalde in een sterk teruglopende werkgelegenheid voor veel kleine neringen zoals de buildragers, wier bestaan gekoppeld was aan deze stapelrechten. Ondanks het verzoenend optreden van de voorzitter van de Grote Raad, Christophe-Ernest de Baillet, bleef er door dit sociale conflict een wrange nasmaak vastzitten aan de eerste jaren der "Oostenrijkse" heerschappij. Betere herinneringen liet het bestuur van aartshertogin Maria-Elisabeth na, onder wiens bewind een aanvang werd gemaakt met de steenweg Mechelen-Leuven. Na de Oostenrijkse Successieoorlog, met daarin de kortstondige Franse bezetting van 1745-1748, brak onder de heerschappij van Maria-Theresia, vertegenwoordigd door haar schoonbroer Karel-Alexander van Lotharingen, ook voor Mechelen een periode aan van rust en economische welvaart. Het toch al zwaar in vraag gestelde stapelrecht werd nu helemaal van de kaart geveegd door het graven van de Leuvense Vaart (kanaal Leuven-Rupel), evenwel niet tot na- maar eerder tot voordeel van Mechelens handel en nijverheid. De reeds eerder vermelde vestiging van het hoofdkwartier van het Oostenrijks artilleriekorps in de Zuidelijke Nederlanden in onze stad, maakte er onder de jarenlange leiding van generaal graaf de Ferraris tevens het centrum van een intense cartografische activiteit van. Het was immers in het kader van de *Josephinische landesaufnahme* (het in-kaart-brengen van alle Habsburgse erflanden) dat Ferraris aan zijn *Kabinetskaart der Oostenrijkse Nederlanden* begon. Te Mechelen werd er de basis van gelegd. De aanwezigheid van belangrijke legereenheden bracht ook de bouw mee van typisch "Oostenrijkse" kazernes, waarvan de nog bestaande Dossin-kazerne een typevoorbeeld is, dat gans West-Europa ons mag benijden. Ook de cultuur en dan vooral de beeldende kunsten maakten in deze periode een goede beurt. In 1772 werd de Antwerpse kunstschilder Willem Herreyns naar Mechelen geroepen om er een *tekenschool*, die weldra zou uitgroeien tot de Koninklijke Akademie voor Beeldende Kunsten, op te starten. Na enkele kortstondige omzwervingen kon Herreyns *zijn* Academie, die trouwens de officiële steun van de landvoogd, Karel van Lotharingen genoot, vestigen in een deel van het door Jozef II zopas afgeschafte jezuïetenklooster waar zij tot 1811 zou blijven.

Zeventienhonderd vijfenzeventig was het jaar van het Rumoldus-jubileum dat gevierd werd met een groots opgezette *cavalcade* of *praeltreyn*. Herreyns werd aangezocht als ontwerper van de praalwagens. Hij liet niet na het hem gunstig gezinde Habsburgse Huis uit te beelden in een monumentale wagen van laat-barokke stijl. De hele stoet werd tot aandenken gegraveerd in een prachtige reeks prenten van de hand van de gebroeders Klauber uit Augsburg. Zoals overal elders in de Zuidelijke Nederlanden kwamen de progressieve hervormingen van Jozef II ook te Mechelen hard aan. Het conflict met de rooms-katholieke kerk had hier zijn epicentrum, dank zij de aanwezigheid van de onbuigzame kardinaal de Frankenberg, wiens ultramontaanse opvattingen lijnrecht tegenover Jozefs Febronianisme stonden. De Brabantse Revolutie liet ook hier weinig meer dan een financiële put en een administratieve warboel na. Zij was eigenlijk de eerste aanloop tot het definitieve verdwijnen van de Habsburgers uit onze gewesten en dus ook als *heren van Mechelen*.

De wapenborden ter herinnering aan de kapittels van het Gulden Vlies Plaats van de Mechelse reeks in hun evolutie

Christiane VAN DEN BERGEN-PANTENS
Lic. Kunstgeschiedenis en Oudheidkunde

Inleiding

Op 10 januari 1430 werd te Brugge, ter gelegenheid van zijn huwelijk met Isabella van Portugal, door Filips de Goede, hertog van Bourgondië, de Orde van het Gulden Vlies opgericht. Het ligt niet in onze bedoeling de geschiedenis van deze Orde te schetsen of een opsomming te geven van de litteraire en kunstzinnige uitingen waardoor zij zich manifesteerde. Eén aspect geniet hier speciaal onze belangstelling, namelijk de reeksen geschilderde panelen, met de wapens der ridders, die nog in België bewaard zijn en dan meer bepaald degene die zich bevinden in de Sint-Romboutskathedraal te Mechelen[1].

Bij de oprichting van de Orde was het aantal ridders vastgesteld op vierentwintig, enige tijd later werden het er eenendertig. De bijeenkomsten of "kapittels" van de ordebroeders moesten beurtelings, met regelmatige tussenpauze, in een kapittelkerk van één der steden van de Bourgondische staat gehouden worden.

De hiermee gepaard gaande religieuze plechtigheden vonden plaats in het koor van de kerk. De hertog nam de plaats in van de priester, tegenover het altaar, aan de kant van het epistel, terwijl de ridders plaatsnamen op de zitplaatsen van de geestelijken. De orde van voorrang was hierbij strikt vastgelegd: voor de verkozenen van het eerste kapittel gold de datum van toetreding tot de ridderorde en zij namen plaats aan weerszijden van de hertog, beurtelings langs de zijde van het epistel en langs de zijde van het evangelie. Diegenen die op latere datum toetraden vervoegden zich vlak bij het altaar. Elke ridder had een zetel met zijn wapenschild. Wanneer iemand overleed werd het wapenschild, zonder helmteken, op een zwart doek gehangen op de plaats van de overledene. In het geval dat iemand omwille van zware misdrijven uit de orde was gezet, werd zijn wapen plechtig uit het koor verwijderd en op oorspronkelijke plaats kwam een paneel waarop de reden van de veroordeling vermeld stond. Daar waar in de verschillende kapittelkerken het aandenken aan de bijeenkomsten van het kapittel belichaamd werd door de wapens die bleven hangen van de op het moment van de plechtigheid nog levende of reeds gestorven ridders, zonder latere wijziging, moest het geheel van wapens in de Sainte Chapelle te Dijon, zetel van de Orde, voortdurend bijgehouden worden. Daar werden de wapens van de overledenen weggenomen uit het koor en vervangen door die der nieuw gekozenen. Zulke verzamelingen van wapenborden kunnen dus beschouwd worden als gelegenheidsarmorialen die bronnen zijn van exact gedateerde informatie, zowel betreffende de titularissen zelf als over hun wapen. Los van het artistieke aspect, dat wij hier verder willen ontleden, vormen zij een historische bron, dikwijls uit de eerste hand; en kunnen zij als zodanig dienstig zijn voor en onderworpen worden aan een strenge historische kritiek[2].

Hoewel een overvloedige documentatie over deze kapittels handelt, wekt de graad van onnauwkeurigheid waarin deze beschrijvingen opgesteld zijn de

[1] Samenvatting van de uiteenzetting gegeven op 18 december 1980 in het voormalig Groot-Seminarie van Mechelen, voor de Koninklijke Kring voor Oudheidkunde, Letteren en Kunst van Mechelen, op uitnodiging van de heren A. Jans en R. De Smedt, die wij hiervoor hartelijk danken. Dit artikel werd reeds eerder in het Frans gepubliceerd in *Handelingen van de Koninklijke Kring voor Oudheidkunde, Letteren en Kunst van Mechelen*, dl. 85, 1981, p. 91-101.

[2] Een artikel dat meer bepaald gewijd is aan de heraldische problemen, met de titel "Chapitres de la Toison d'or au XVme siècle. Quelques exemples héraldiques conservés en Belgique", voorgedragen op het Internationaal Congres voor Genealogie en Heraldiek, gehouden in Kopenhagen van 25 tot 29 augustus 1980, is verschenen in de akten van dit congres, *Genealogica et Heraldica*, Copenhagen, 1980 [1982], p. 287-298.

grootste verbazing, meer bepaald voor wat betreft de materiële toestand der schilderijen en hun orde van opstelling in het koor. De beschrijvingen en het woordgebruik der auteurs, vaag en zeer algemeen, weerspiegelen een volgorde die gewijzigd werd in de loop der tijden of een materiële toestand die de vrucht is van veelvuldige restauraties. Ook de eigentijdse getuigenissen ter zake, zeer zeldzaam, ontsnappen niet steeds aan dit euvel.

Op dit alles vormt de Mechelse reeks in een zekere zin een uitzondering. Het zou voor deze reeks gemakkelijker zijn dan voor andere om, mits een minimum aan voorzorgsmaatregelen, terug in het koor aangebracht te worden volgens haar oorspronkelijke volgorde[3].

De volkomen wanorde waarin zij momenteel opgesteld is, betekent dus een pluspunt, waarop geen enkel der andere Belgische ensembles zich kan beroepen, vertimmerd als die zijn, definitief en meestal volkomen willekeurig, in eiken inlijstingen, dikwijls oud, gerestaureerd of meestal "opgefrist" en dat op nu eens meer, dan weer minder gelukkige wijze.

De hiernavolgende bedenkingen zullen, naar wij hopen, toelaten de Mechelse schilderijen beter te situeren vanuit stilistisch oogpunt in het kader der oudere series, waarvan zij trouwens het 15de-eeuwse eindpunt vormen. Aldus bekeken behoren zij, ondanks het zuiver heraldische onderwerp dat zij behandelen en dat hen zowel door de kunsthistorici als door de historici heeft doen onderwaarderen, tot de werken der zogenaamde Vlaamse Primitieven en hebben zij als zodanig recht op een behandeling passend bij dit soort van artistieke produktie dat eertijds de glorie van onze contreien uitmaakte.

Evolutie van stijl en techniek

Het oudste schilderij, nog bewaard, van een kapittel van de Orde van het Gulden Vlies bevindt zich in het stedelijk museum van Sint-Omaars[4] en dateert van de vergadering die plaats had in 1440 in de abdij van Sint-Bertijns. Het stelt het wapen voor van Jean de Villiers, heer van l'Isle Adam, lid van de Orde sinds 1432, overleden in 1437 of 1439[5].

De zeer sober uitgevoerde tekening van het wapen staat dicht bij de Middeleeuwse mentaliteit. De uiterst eenvoudige kroon en helm zijn rechtstreeks op het schild geplaatst; het helmkleed is weinig uitgesneden of geschubd; de ordeketen heeft brede en massieve schakels zonder duidelijke vormaanduiding; de ram is erg ruw geschetst; dat alles geeft aan het geheel een plompe indruk, die evenwel wordt tegengesproken door de sierlijkheid van het helmteken en van de inscriptie in uitgerokken gotische letters.

De ordeketen is hoog achter de helm opgehangen; het wapen is evenals de ram omgekeerd voorgesteld uit eerbied voor het altaar[6]. Het schilderij bevond zich dus aan de linkerzijde ingaande het koor. Nota bene: hoewel deze ridder overleden was op het ogenblik dat het kapittel werd gehouden, wordt zijn wapen voorgesteld, dit in tegenstelling tot wat men kan vaststellen in 1478.

Op dat ogenblik (1440) was de officiële heraldische schilder Hue de Boulogne, die toen reeds verantwoordelijk was voor enkele der wapenborden van het kapittel gehouden in de Sint-Pieterskerk van Rijsel in 1431[7]. Het is dus zeer waarschijnlijk dat hij hier rechtstreeks of onrechtstreeks aan het werk was en dat dit voorbeeld ons een goed idee kan geven van de stijl der onder zijn verantwoordelijkheid uitgevoerde wapenborden. Hoewel geen van deze laatste bewaard is, laten de laattijdige kopieën van de serie van Sint-Donaas, van de hand van A. de Molo, uitgevoerd vóór de afbraak van deze kerk, een gelijkaardige eenvoud vermoeden[8]. Arnt van Wijnendaele[9] is de auteur of de restaurateur van de reeks panelen uitgevoerd voor het kapittel, dat gehouden werd op 6, 7 en 8 november 1440 te Gent[10]. Deze schilderijen sieren nog steeds het koor van de Sint-Baafskathedraal maar dateren uit 1584-1585. Bedoelde heraldi-

[3] Rekening houdende met de richtlijnen gegeven door Jean MOLINET, *Chroniques*, uitgegeven door G. Doutrepont en O. Jodogne, Brussel, *Koninklijke Academie van België, Klasse der Letteren en Politieke en Moraalwetenschappen*, 1935, dl. 2 (1488-1506), p. 222-224; C. VAN GESTEL, *Historia sacra et profana archiepiscopatus Mechliniensis*, 1725 en R.N. VAN DEN EYNDE, *Provincie, stad ende district van Mechelen opgeheldert...* Brussel, dl. I, 1770, p. 4-5; 6-7; alsook de manuscripten van de Koninklijke Bibliotheek: Ms 20851, f° 274; Ms 20854, f° 51, 51 v° - 52; Ms II 2339, f° 103-108, bij voorbeeld.

[4] St.-Omer, Musée Sandelin, olieverf op hout 84,8(H) x 60,8(B) cm. Inventaris nr. 308; Catalogus *La Toison d'Or.* Brugge 1962, nrs. 14 en 15, p. 95-96.

[5] Maarschalk van Frankrijk, verdedigde Parijs tegen Jeanne d'Arc in 1429. Overleden te Brugge.

[6] Beschreven met deze karakteristieken door de heraut Sicilië die de beschrijving geeft van het heraldisch geheel in de Ms BR 5744-46, f° 83.

[7] DE LABORDE, *Les ducs de Bourgogne.* Preuves, dl. I, nr. 905, p. 260, nr. 914-915, p. 261 (1431-1432). Ook bruikbaar voor de eeuw die ons aangaat, nr. 1306 en 1331, p. 375 en 378 (a° 1439-40). Baron A. VAN ZUYLEN VAN NYEVELT, "Blasons", in *Les Chefs-d'œuvre de l'art ancien à l'exposition de la Toison d'Or*, Brugge, 1907, p. 220.

[8] J. GAILLIARD, *Inscriptions monumentales de la Flandre occidentale, Bruges, St.-Donat*, Brugge, 1861.

[9] Olieverf/hout 101(H)-58,5(B) cm voor de panelen der ridders; 137(H) x 106(B) cm en 128(H) x 74(B) cm voor deze van de prinsen. Een diareportage in kleur werd gemaakt door de heren R. Versteegen en R. Decleer van het K.I.K., in 1980.

[10] E. DHAENENS, *Sint-Baafskathedraal Gent*, Gent, p. 176-180.

Cat. nr. 36

sche schilder werd toen namelijk belast met het hermaken van de oude panelen, vernietigd of beschadigd door de Geuzen.

Hoewel zij van zeer mooie kwaliteit zijn laat hun laattijdige aanmaak ons nauwelijks toe ze in verband te brengen met de originelen [11]. Zij stralen eenvoud uit, net als diegene waarover wij het hierboven hadden. Het is evenwel veiliger deze reeks te beschouwen, deels als een voorbeeld van een goede wedersamenstelling uit de 16de eeuw, deels als een weergave van een verdwenen ensemble.

In mei 1456 was de Sint-Jacobskerk te 's Gravenhage de zetel van het negende kapittel van de Orde. De schilderijen die er zich thans bevinden zijn evenwel niet alle oorspronkelijk. Inderdaad werd het merendeel ervan vernietigd bij een brand in 1539 en gerestaureerd of hermaakt op bevel van Karel V. Het is dus een zeer delicate zaak, zich over deze schilderijen uit te spreken zonder ze elk afzonderlijk te hebben kunnen onderzoeken [12]. De enkele voorbeelden evenwel, die wij onder ogen hebben, breken met de oorspronkelijke stijl en staan klaarblijkelijk zeer dicht bij de twee schilderijen uit 1461, waarover het hieronder gaat, hetzij dat zij een weerspiegeling zijn van de werkelijkheid, hetzij dat de kopiïst zich liet inspireren door de modellen van Hennecart en Coustain, die hij kende.

De twee originele schilderijen met de wapens van Antoon van Bourgondië [13] en Pedro de Cardona [14], die momenteel bewaard worden in het Musée des Beaux-Arts te Dijon, werden in 1460 geschilderd door Guillaume Spicre en Adam Dumont, twee Dijonese kunstenaars, om de reeks der wapenborden der ridders van het Gulden Vlies, gehangen in de Sainte-Chapelle van deze stad, te vervolledigen [15]. Deze reeks verdween tijdens de Franse Revolutie.

Uit stilistisch oogpunt is er een duidelijke verwantschap met het paneel van Jean de Villiers te Sint-Omaars, inzake helm, vorm en ophanging van de ordeketen rond het wapen en de sterk vereenvoudigde voorstelling van de ram. De dekkleden zijn reeds meer geschubd of uitgesneden; het schrift daarentegen lijkt, althans voor zover men kan oordelen naar wat er van bewaard werd, minder ornamentaal. In elk geval werd het voorbeeld van Sint-Omaars van zeer nabij gevolgd.

De onderzoeken en restauratiewerken, ondernomen door het Koninklijk Instituut voor het Kunstpatrimonium in 1974, leidden tot enkele zeer interessante bevindingen van technische aard: dank zij het feit dat men twee wapenborden heeft bewaard, kon men achterhalen dat beide gemaakt werden met behulp van dezelfde mal [16] (helm, schild, dekkleden, ordeketen, ram), al dan niet omgekeerd naargelang de plaats door de betreffende ridder in het koor ingenomen. Dit procédé, voor het eerst vastgesteld, werpt een duidelijk licht op de werkwijze van de kunstenaar. Zij geldt voor alle heraldische ensembles waarover het hier gaat.

Het paneel werd eerst met een dun wit preparaat bekleed, terwijl de achtergrond in het zwart werd geschilderd met uitzondering van bovengenoemde mal. De metalen werden aangebracht met bladgoud en -zilver, geschaduwd met een zwarte arcering. De gekleurde delen verkregen reliëf door het aanbrengen van penseelstreken gaande van licht tot donker. De letters zijn geschilderd met een dunne verf van gemalen goud en niet met bladgoud [17].

In 1461 werd in Sint-Omaars het tiende kapittel van de orde gehouden. De wapenborden van Karel van Charolais [18] en Simon de Lalaing [19] zijn eveneens bewaard in het Musée Sandelin. Hun stijl is geheel verschillend van die der voornoemde originelen en de tussenkomst van andere schilders, zeer waarschijnlijk Pierre Coustain en Jean Hennecart [20], is klaarblijkelijk. Uitgevoerd volgens hetzelfde patroon onderscheiden beide wapens zich door een meer doorgedreven zoeken naar sierlijkheid. De helm is meer afgerond, sterker versierd en rust niet langer op het

[11] Een visueel onderzoek toont aan dat de zilveren gedeelten verkregen zijn door verschillende vernislagen of door bladzilver op een ondergrond van wit preparaat aan te brengen. Wanneer meerdere afbeeldingen over elkaar moesten voorgesteld worden (b.v. een hartschild over alles heen), werd gewerkt met witte verf waarvan de ondoordringbaarheid kenmerkend is. Om nauwkeuriger conclusies te trekken zou men moeten kunnen beschikken over analyses van verfstalen.

[12] Wij hebben geen foto's kunnen bemachtigen en wij houden ons aan de tekening van de heer R. Aquilina, *9e chapitre de la Toison d'Or, tenu en l'église de Saint-Jacques, mai 1456*, getypt en gepolycopieerd exemplaar, november 1979, ill.

[13] Aangesteld in 's-Gravenhage in 1456.

[14] Benoemd in het kapittel gehouden te Mons in 1451.

[15] P. QUARRÉ, "Des panneaux de l'armorial de la Toison d'Or de la Sainte-Chapelle de Dijon", in *Bulletin de l'Irpa*, 1975, p. 318-325. Deze panelen werden verzaagd om ingebouwd te kunnen worden in de panelen van een kast. Zij meten nu 60,5 × 44,5 (Cardona) en 60,2 × 44,3 cm (Bourgondië).

[16] Zulke patronen bestonden, cfr. DE LABORDE, *op cit.*, dl. II, p. 355, nr. 4673.

[17] K.I.K., Laboratoriumdossier nr. 73/548.

[18] De toekomstige Karel de Stoute, ridder sinds 1433. Catalogus *La Toison d'Or*, Brugge, 1962, nrs. 33-38, p. 115-119.

[19] Kamerheer van Filips de Goede, Admiraal van Vlaanderen. Ridder sinds 1431, te Rijsel. Catalogus *La Toison d'Or*, Brugge, 1962, nr. 20, p. 101. olieverf/hout 71,6(H) × 56,7(B) cm. De hypothese die gesteld wordt in de catalogus wordt tegengesproken door de stijlstudie. Het is zeker dat deze twee schilderijen, van latere stijl, dateren van 1466 en niet van 1431 of 1440.

[20] DE LABORDE, *op. cit.*, dl. I, p. 99 en 469 (a° 1456-1457). H. CONINCKX, "Notes d'art", in *Bulletin du Cercle Archéologique, Littéraire et Artistique de Malines*, dl. XVII-XVIII, 1907-1908, p. 67 (a° 1460-1461).

schild. Dit laatste is opgehangen aan een lederen riem aan één zijde zichtbaar. De kroon is meer uitgewerkt. Het reliëf van de schakels van de ordeketen is aangeduid met arcering en guillocheerwerk; de dekkleden zijn sterk geschubd en erg lang, komen boven de ordeketen uit en verbergen er gans het bovenste deel van, met uitzondering van een klein stukje schakel. Het zeer sierlijke gotische schrift, opgesmukt met vlechtwerk, vertoont desondanks nog een zekere uniformiteit, zelfs bij de hoofdletters[21]. Het is verwant met dat van de panelen van de Onze-Lieve-Vrouwekerk te Brugge, evenwel minder luchtig en gediversifieerd[22].

In de Onze-Lieve-Vrouwekerk te Brugge bestendigen een dertigtal schilderijen de herinnering aan het elfde kapittel dat er gehouden werd in 1468[23]. De stijl der eigenlijke schilden en der uitwendige versierselen is verwant met die der twee bovengenoemde panelen, maar hier verdwijnt zelfs de laatste zichtbare schakel boven in de ordeketen onder de dekkleden. Aan weerszijden van de helm verschijnt hier de draagriem. Het gotische schrift is verfijnder en luchtiger geworden en de kalligrafie getuigt van een volleerd meesterschap in de uitvoering der hoofdletters, die even verscheiden als geraffineerd zijn[24]. Fotografisch onderzoek bevestigt ook hier het gebruik van mallen voor het schild en zijn uitwendige versierselen[25]. Alleen in het wapen van Créquy is er sprake van een vrije plaatsing van de kriekelaar met behulp van horizontale lijnen waarop de takken werden aangebracht[26].

In het schild zelf werden zowel de verdelingen als de stukken volgens dezelfde modellen uitgevoerd; zo bij voorbeeld de kwartilering of deling, de geschaakte delen en de dwarsbalken. Hetzelfde gebeurde voor de stukken die meermaals voorkomen in hetzelfde schild, zoals de rozen van Beauffremont, de lelies van Alençon de disselbijlen van Croÿ of de leeuwen van Brederode[27]. Het gebeurt ook dat het gehele wapen letterlijk wordt herhaald zoals bij Antoon en Filips van Bourgondië, Antoon en Filips van Croÿ, wapens en helmtekens van Jan en Filips Delannoy, de helmtekens van Jan en Filips van Kleef. Om het al te eentonige oppervlak van sommige stukken op te fleuren, bij voorbeeld de schuinbalk van Châlons, de dwarsbalk van Nassau of van Borsele, heeft de kunstenaar er een middenlijn in getrokken die er een zeker reliëf aan geeft. Verder werden volumes aangeduid door lichte arcering op het goud of door weinig opvallende penseelstreken op de andere oppervlakken. De inscripties werden rechtstreeks op de zwarte achtergrond gepenseeld.

De archiefteksten geraadpleegd door graaf de Laborde spreken van Jean Hennecart en Pierre Coustain, beiden officiële hofschilders, als auteurs van deze reeks. Pierre Coustain wordt speciaal betaald voor de uitvoering van sommige wapenborden waarvan er enkele verloren zijn, andere nog steeds bewaard[28]. Deze panelen onderscheiden zich niet bepaald van de andere. Zij zijn uitgevoerd met dezelfde mallen, volgens dezelfde techniek en met dezelfde zorg. Het is mogelijk dat Coustain zich meer bepaald bezig hield met de conceptie van het heraldisch gedeelte van het werk en dat men aan Jean Hennecart, die reeds eerder herhaaldelijk belast was met verluchtings- en schrijfwerk, de uitvoering der inscripties toevertrouwde[29]. Deze laatste zijn bijzonder verzorgd, vooral die van het wapenbord van Karel de Stoute. Het staat vast dat er tussen beide kunstenaars een zeer nauwe samenwerking was.

Een grondiger onderzoek van deze serie zou mogelijk toelaten de filiatie met de schilderijen van Sint-Omaars te achterhalen. Dit vraagt uiteraard het losmaken van deze panelen uit de cimaas waarin zij zich thans bevinden, evenals hun correcte reiniging en enkele conservatorische ingrepen. Zulke behandeling is in hoge mate wenselijk vooraleer kan overgegaan worden tot welke vorm van opfrissen ook.

Blijkbaar was Pierre Coustain de enige die een salaris trok voor de uitvoering der schilderijen bestemd voor het dertiende kapittel van de Orde in de Sint-Salvatorskerk te Brugge in 1478[30]. Achtentwintig stuks daarvan sieren nog steeds het koor van deze kerk[31]. Het is weinig waarschijnlijk dat de

21 V.b. *Char*les, comte de *Char*olais
*S*imon *de* Lalaing, seigneur *de*

22 "*M*ontigny" (St.-Omaars) en "*M*olembais" (O.-L.-Vrouw) "*de* Lalaing, seigneur *de* Montigny" (St.-Omaars) en "comte *de* Charolais" (O.-L.-Vrouw).

23 Olieverf/hout 85(H) × 59(B) cm. De volledige fotoreportage (gewone foto, infrarood (doc. L. 5211E tot 5219E) en diapositieven) werd gemaakt door de heren R. Versteegen en R. Decleer in het K.I.K. Laboratoriumdossier nr. 80/2077.

24 Een enkel geval van identiteit tussen de hoofdletters: de "A" 's van Adolf van Kleef en van Gelderland.

25 De infrarode foto's hebben niets te voorschijn gebracht in verband met stippen bij voorbeeld die voorkomen bij het gebruik van een sjabloon.

26 Fot L E 52/17.

27 Het derde stuk is altijd een beetje groter volgens de regels van de heraldische tekening.

28 A. VAN ZUYLEN VAN NYEVELT, "Blasons", in *Les chefs-d'œuvre de l'art ancien à l'exposition de la Toison d'Or*, Brussel, 1907, p. 221-222. Bewaard zijn die van Jan van Aragon, Jan d'Alençon, Karel de Stoute, Jan en Antoon van Croÿ, Jan de Lannoy.

29 A. DE LABORDE, *op. cit.*, Preuves, dl. I, Parijs, 1849, nr. 1943 en 1944, p. 500 (1467-1468), nr. 1799-1807, p. 466-467 (1456-1457), nr. 1968, p. 503 (1467-1468); Peuves, dl. II, Parijs, 1851, p. 4035 (1470). H. CONINCKX, *Notes d'art, op. cit.*, p. 67-68 (1468). Coustain werd betaald voor de uitvoering van het paneel betreffende de graaf van Nevers.

30 A. DE LABORDE, *op. cit.* I, nr. 1985, p. 510 (a° 1478-1479).

31 Olieverf/hout, 98(H) × 63(B)cm. Een volledig fotografisch dossier, gewoon, infrarood (CL,L 5201E-5210E) en diapositieven, werd gemaakt door de heren R. Versteegen en R. Decleer in K.I.K.

Cat. nr. 44

kunstenaar dit werk alleen uitvoerde. Deze reeks werd meermaals gerestaureerd; voor het laatst in 1929[32]. Zij heeft alle grote artistieke kwaliteiten van de voorgaande. Men kan er niettemin de subtiele tekens in ontwaren van een stijlevolutie in de zin van een accentuering der volumes, hetzij door de rondheid der vormen zelf, hetzij door duidelijker arcering of meer opvallende penseelstreken. Enkele verschillen van ondergeschikt belang doen zich voor in de schikking van de luchtgaten der helmen (ten getale van vier gerangschikt twee en twee rond een kruis, in plaats van vijf in de Onze-Lieve-Vrouwekerk), in de ordeketen die afgebroken wordt ter hoogte van de schouders en niet meer afgerond is zoals in 1468, ten slotte in de middenlijn, getekend op de stukken, die hier slechts voorkomt in de wapens van Gruuthuse en Savoie, wat een wat vlakker uitzicht meebrengt van het geheel der stukken of der delingen. Het schrift is vloeiender en ronder; is het zo dat de minuskels of de geregeld terugkomende woorden zoals "seigneur", "trépassé" of bepaalde voornamen op identieke wijze gereproduceerd lijken, dan toch spreidt de kalligraaf in de uitoefening van zijn kunst evenveel elegantie als vaardigheid tentoon. Niets wijst er hier op dat stereotiepe modellen op mechanische wijze werden gevolgd: telkens weer verschillend vullen de hoofdletters, die hun luchtige arabesken ontrollen, op telkens andere wijze de open ruimten van het veld. Ook hier blijkt niet dat de aan het paneel bestede zorg in verhouding stond tot de rang van de bestemmeling. De huidige stand van het onderzoek laat ons niet toe te achterhalen of de stilistische evolutie die wij konden vaststellen uitgaat van Coustain alleen, dan wel voortspruit uit de tussenkomst zijner medewerkers. Het is ook aan Coustain dat Van Zuylen vier schilderijen toeschrijft, gemaakt voor het kapittel gehouden te 's Hertogenbosch in 1481[33]. Momenteel zijn daarvan nog alleen de wapenborden van Edward IV van Engeland en van Jacob van Luxemburg[34] bewaard in het Rijksmuseum te Amsterdam[35]. Die van Jean de Melun en Filips van Croÿ bevinden zich in een privé-collectie[36]. In het algemeen kan men zeggen dat deze vier panelen afgeleid zijn van de Brugse reeks[37]. In het wapen van Croÿ kan een omkering ten opzichte van het exemplaar in de Onze-Lieve-Vrouwekerk te Brugge vastgesteld worden[38]. Een zeer zware en weinig sierlijke kalligrafie, een overdreven accentuering der volumes en der arceringen verlenen aan deze panelen een koelheid die eerder eigen is aan gegraveerd werk, zodat het geenszins een spontane schets van deze kunstenaar kan genoemd worden.

De serie die momenteel bewaard wordt in de eerste kapel van de kooromgang van de Sint-Romboutskathedraal te Mechelen werd uitgevoerd ter gelegenheid van het kapittel dat gehouden werd in 1491. Zij wordt wel eens toegeschreven aan Jacob van Laethem, heraldisch schilder, die onder meer voor Filips de Schone werkte[39]. Ten getale van eenendertig[40] is deze reeks een vrijwel volledige weergave van de vergadering der uitverkorenen zoals zij in 1491 samenkwam[41]. Hoewel ook deze reeks niet ontsnapte aan de tand des tijds schijnt zij toch niet vóór de negentiende eeuw grondig gerestaureerd te zijn[42]. Toen werden enkele panelen volkomen

[32] L. DEVLIEGHER, *De Sint-Salvatorskathedraal te Brugge*, (Inventaris Kunstpatrimonium van West-Vlaanderen). Tielt-Amsterdam, Lannoo, 1979, p. 209-211, ill. 290-317.

[33] R.P. GERLACH, "De Ridders van het Gulden Vlies te 's Hertogenbosch in 1481", in *Brabants Heem*, 21, 1969, p. 82-85.

[34] Olieverf/hout, 112(H) × 68(B) cm. Waarschijnlijk is het paneel groter omdat het personage een hogere rang heeft. *All paintings...*, Amsterdam, Rijksmuseum, 1973, p. 824, nr. 4641 A.

[35] Olieverf/hout, 93(H) × 58(B) cm. *All paintings...*, Amsterdam, Rijksmuseum, 1973, p. 824, nr. A 4642, ill.

[36] Melun, Olieverf/hout, 94,5(H) × 98(B) cm. en Croÿ 94,5(H) × 58,5(B) cm (coll. Dr. J.B.V.M.J. van de Mortel, Oostelbeers in Nederland), tentoongesteld op de tentoonstelling van Brugge in 1907 en er gefotografeerd, cfr. A. VAN ZUYLEN, *Les Blasons, op cit.*, pl. 94. Zie ook Catalogus *La Toison d'Or*, Brugge, 1962, p. 101-102, nr. 21.

[37] De rammen, vastgehecht aan een gouden koord, en de helmen zijn van hetzelfde model als die van Sint-Salvators. Men stelt het gebruik van damascering vast bij de Croÿ, maar niet bij Melun.

[38] De kwartieren 1-4 en 2-3 van de Croÿ zijn gewisseld.

[39] Olieverf/hout, 87(H) × 55(B) cm. Deze reeks was het voorwerp van een reportage (gewone foto, infrarood, ACL 52220E tot 5228E).

[40] Ontbreken: het paneel met het wapen van Hendrik van Borsele en de veroordeling van Filips de Crèvecœur.

[41] Het absenteïsme was een belangrijk verschijnsel. Voor de kalender van deze bijeenkomst, zie: Baron DE REIFFENBERG, *Histoire de l'ordre de la Toison d'Or depuis son institution jusqu'à la cessation des chapitres généraux*, Brussel, 1830.

[42] Samenvatting:
1491: Jean Molinet. Beschrijving *de visu*.
1580: De schilderijen ontsnappen aan het vandalisme.
1680: Ze worden bijgewerkt ter gelegenheid van het jubileum van Sint-Rombouts.
1725: Beschrijving *de visu* door C. Van Gestel.
1770: Beschrijving *de visu* door R.V. Van den Eynde.
1810: De schilderijen worden weggenomen uit het koor en op zolder gezet.
1838: Zij worden gerestaureerd door de zorgen van de Brusselse kunstenaar Luyckx, op initiatief van graaf A. de Beauffort, en in de zijkapellen geplaatst.
1878: E. Neeffs constateert hun slechte staat.
1901: Van Caster stelt een verdoeking voor.
1907: Tentoongesteld in Brugge "La Toison d'Or". De terugkeer gebeurt in slechte omstandigheden.
1914: Teruggeplaatst op de zolder van het aartsbisschoppelijk paleis.

hermaakt[43]. De zeer slechte materiële toestand maakt elke studie ervan vrij moeilijk en verklaart de stemmen die opgaan voor restauratie van het geheel. Een oppervlakkig oordeel zou deze schilderijen tussen de werken van tweede rang kunnen rangschikken. Een aangepaste behandeling evenwel kan aan deze reeks haar vroegere kwaliteiten teruggeven.

Men kan deze panelen in drie groepen opdelen:
– de moderne schilderijen die in de negentiende eeuw volledig hermaakt werden en die wij hier niet verder in beschouwing zullen nemen[44];
– diegene die, hoewel oud, zich bevinden in een toestand die te wensen overlaat, of waarvan de kalligrafie minder sierlijk of minder leesbaar is, maar waarvan de goed uitgevoerde helmtekens laten verhopen dat restauratie hun oorspronkelijke kwaliteit zou teruggeven[45];
– enkele schilderijen, met dat van Filips van Bourgondië op kop[46], waarvan de pracht der wapens wedijvert met de virtuositeit van de kalligrafie.

Vanuit artistiek oogpunt onderscheidt dit ensemble zich door het gebruik van een prachtige damascering die op een aangename wijze de vlakke stukken verlevendigt,[47] evenals door een bijzonder ornamentele kalligrafie, zoals reeds hoger gezegd. Daarentegen werden in tegenstelling tot wat men te Brugge kan vaststellen sommige hoofdletters identiek uitgevoerd op verschillende schilderijen[48], tenzij zij slechts door ondergeschikte versieringen verschillen. Ook het vlechtwerk behoort dikwijls tot hetzelfde type en is soms nauw vergelijkbaar. Men kan dus concluderen dat de kunstenaar, juist door blijk te geven van een uitzonderlijke vaardigheid in de schrijfkunst, des te sneller zijn inspiratie ter zake uitputte.

De opmerkingen van technische aard die hoger werden gemaakt gelden ook voor deze reeks[49].

Wij zouden kunnen besluiten met aan te stippen dat men in de negentiende eeuw bij de restauratie dezelfde mallen gebruikte op een vrij onhandige wijze. Dit bewijst, voor zover het al niet voor de hand liggend was, dat die enkele mechanische procédés waarop wij hoger alludeerden, enkel en alleen bestonden om aan het talent van de kunstenaars een stevige basis te geven en hen toe te laten steunend daarop hun vaardigheid en kunnen tentoon te spreiden.

Aldus hebben zij ons meermaals getuigenissen nagelaten, de beste heraldische kunst waardig, door aan de schoonheid en het evenwicht der lijnen een krachtige penseelstreek te koppelen.

1920: Geplaatst in de huidige kapel.

C. VAN GESTEL, *Historia Sacra et profana archiepiscopatus Mechliniensis*, 1725. R.N. VAN DEN EYNDE, *Provincie, stadt ende district van Mechelen opgeheldert...*, Brussel, 1770.

E. NEEFFS, *Inventaire historique des tableaux et des sculptures se trouvant dans les édifices religieux et civils et dans les rues de Malines*, Leuven, 1869.

E. NEEFFS, "Les blasons de Saint-Rombaut", in *Messager des sciences et des arts de Belgique*, Gent, 1878.

W. VAN CASTER, "Les anciens blasons funéraires de l'église Saint-Rombaut à Malines", in *Handelingen van de Koninklijke Kring voor Oudheidkunde. Letteren en Kunst van Mechelen*, 1901.

Le chapitre de la Toison d'Or tenu à Malines en 1491, ibidem, 1901.

H. CONINCKX, *Notes d'art à propos du chapitre de la Toison d'Or tenu à Malines en 1491*, ibidem, 1907.

L. GODENNE, *Malines jadis et aujourd'hui*, Mechelen, 1908.

J. LAENEN, *Histoire de l'église métropolitaine de Saint-Rombaut*, dl. 2, Mechelen, 1920.

43 De oude patronen werden terug gebruikt voor de schubben van de schilden en de buitenversiering. De kunstenaar heeft totaal geen rekening gehouden met de richting waarin het juweel van de Orde, dat steeds afgebeeld werd, de kop gewend naar het altaar, diende gekeerd te worden. Er zijn dus fouten in de schilderijen die zich bevinden aan de zijde van het epistel voor wat betreft Ferdinand van Aragon, Jan de Lannoy en Engelbert van Nassau.

44 Jan de Lannoy, la Baume, Maximilaan van Oostenrijk, Jan, koning van Navarra, Nassau, Ferdinand van Aragon, Ferdinand van Napels.

45 Bij voorbeeld: Berghes, Boudewijn de Lannoy, Edward IV. Zij geven misschien een verklaring voor de kleine orthografische afwijkingen of voor grafisme (b.v. de graaf van Charolais heeft twee ringen aan de draagriem die rusten op het schild, ACL 148 561 M).

46 Gevolgd door Antoon van Bourgondië, Melun, Pieter van Luxemburg, Jan van Kleef, Egmond, Ligne, Polhaim.

47 Opmerkelijk in de wapens van Savoye, Henin, Melun, Liechtenstein, Gruuthuse, Ligne, Polhaim.

48 Bij voorbeeld: Filips van Bourgondië en Antoon de Bastaard (ACL 148 560 M) en (ACL 148 550 M), Chimay en Claude de Toulonjeon (ACL 148 544 M en 148 558 M), graaf van St.-Pol en Jan van Kleef (ACL 148 560 M en 148 544 M).

49 Dat van Edward IV (ACL 148 537 M) is hoger geplaatst dan de andere (om zijn koninklijke staat aan te duiden?). Het wapen van Filips van Savoye is ook buiten het patroon (ACL 148 540 M).

Mechelen en de kaart van Ferraris

Claire LEMOINE-ISABEAU
Doctor in de Wijsbegeerte en Letteren
Wetenschappelijk Medewerker bij het Koninklijk Legermuseum

De kaart van de Oostenrijkse Nederlanden is het voornaamste cartografisch werk van generaal graaf Joseph de Ferraris (Lunéville 1726 - Wenen 1814). Zij bestaat in twee uitvoeringen. Een handschriftelijke versie op grote schaal (1/11520), genaamd "kabinetskaart", omdat zij uitsluitend bestemd was voor gebruik door de keizer en de leden van zijn kabinet, en een gegraveerde verkleining (1/86400) genaamd "carte marchande", omdat zij voor de verkoop was bestemd. Deze kaart is een mijlpaal in de vernieuwing van de cartografie in ons land onder Franse invloed, meer bepaald van de kaart van Frankrijk van Cassini.

Waarom Ferraris en waarom Mechelen

Joseph-Jean-François, graaf de Ferraris, stamde uit een Lombardisch geslacht, naar Lotharingen gehaald door hertog Leopold I. Zijn ouders stonden in de hertogelijke gunst. Nochtans was het naar Wenen dat zij hem zonden vanaf zijn negende jaar om er opgeleid te worden als page van de keizerin. Inderdaad was het zo dat door de afstand van het hertogdom Lotharingen aan Frankrijk en het huwelijk van de erfprins Frans met de toekomstig keizerin Maria Theresia de toekomst van de Lotharingse adel in Oostenrijk lag. Zeer jong reeds startte Ferraris zijn militaire carrière in Oostenrijkse dienst. Sinds 1763-1764 behoorde hij tot het artilleriekorps in de Nederlanden, gelegerd te Mechelen. Onze toenmalige gouverneur-generaal was een gulle Lotharingse prins, Karel-Alexander, jongere broer van Frans en schoonbroer van Maria Theresia. Ferraris genoot onmiddellijk zijn gunst en werd één van de vertrouwenspersonen van het Brusselse Hof. Voor hem gaf Ferraris op een zomeravond van 1764 een prachtig vuurwerk te Mechelen. Bij de aankomst van de Prins stak een duif het vuur aan een regen van sterren die openbloeiden, nu eens in de vorm van het kruis van Lotharingen, dan weer als kruis van de Duitse Orde (Karel-Alexander was hiervan immers de grootmeester), ten slotte in de vormen van een Latijns chronogram. Drie jaar later, toen hij aan het hoofd van het artilleriekorps in de Nederlanden was geplaatst, ontving de generaal de gouverneur-generaal voor een schouwing van zijn regimenten. Deze laatste noteerde in zijn "journal secret" : "été le matin at Malines, vue toute l'artillerie, diné chez Ferari au Camp de Boenheim (Bonheiden?), vue l'exercice bien réussi, Ferari at eu le malheure de tombé de cheval et fait mal at lépaule".(*)

Toen Maria Theresia de wens uitsprak dat een nieuwe kaart van de Nederlanden zou gemaakt worden, viel de keuze voor de uitvoering daarvan uiteraard op Ferraris, wiens bekwaamheden men ten zeerste op prijs stelde, en die voor de realisatie daarvan het talrijk vereiste personeel van de artillerie onder zijn bevel had. Het is aldus dat Mechelen het centrum werd waar dat prachtige ensemble dat wij thans de Kaart van Ferraris noemen, werd uitgewerkt. Het was van daar dat tussen 1771 en 1774 de honderd à honderdvijftig man in kleine brigades uitrukten voor het werk te velde. Hun eerste pogingen situeren zich trouwens in de onmiddellijke nabijheid van Mechelen op hun oefenplein. Hun cartografische vorming hadden zij ontvangen aan de militaire academie van Mechelen, gevestigd in de kanongieterij en het was vlak ernaast, naar het bureau der tekenaars, dat zij hun oorspronkelijke kaartbladen, nota's en *memoires*, bestemd voor de kabinetskaart, zonden.

Het personeel

De rol van Ferraris was hoofdzakelijk die van directeur en organisator. In deze grootse onderneming (de kabinetskaart telt 275 bladen, elk uitgevoerd in drie exemplaren; de "carte marchande" bestaat uit 25 bladen, gegraveerd op groot formaat) werd hij bijgestaan door een andere Lotharinger, Fr. L. Cogeur en door enkele artillerieofficieren. De kanonniers waren hoofdzakelijk uit onze gewesten afkomstig. Bij dit personeel dat te velde werkte dienen een aantal burgers en militairen gevoegd te worden. die de tekeningen en inlichtingen verzamelden, de tekeningen in het net zetten en de *mémoires* schreven die elk handschriftelijk getekend blad begeleidden. Hun taak was het ook de opmetingen te herleiden tot een schaal van 1/86400 in functie van het graveren.

De graveurs van Ferraris

In de 17de en de 18de eeuw was het helemaal niet ongewoon dat een vorst een handschriftelijke landkaart liet maken door militaire cartografen in zijn persoonlijke dienst. Veel zeldzamer was het dat hij vervolgens toestemming gaf om ze te publiceren, ja zelfs dit stimuleerde. En wat dan met het militaire geheim? Toen de regering in Brussel ter zake om haar mening werd gevraagd, liet zij weten van oordeel te zijn dat ons land zo dikwijls door de legers der naburige naties was doorkruist, dat er wel geen enkele regering zou zijn die er geen gedetailleerde landkaarten van bezat.

Door de verkoop van de gegraveerde versie, waarvan Ferraris voor eigen rekening de uitgever was, hoopte men de generaal te belonen en hem toe te laten een deel van zijn onkosten te dekken. Deze ongebruikelijke handelwijze bood tevens aan de regering de kans haar gezicht te redden wanneer de kaart, eenmaal gepubliceerd, onjuist zou blijken te zijn en verwikkelingen zou meebrengen, bij voorbeeld bij de afbakening der grenzen. In geval van betwisting kon zij elke verantwoordelijkheid afwijzen. Van bij het begin der werkzaamheden stond het vast dat de kaart zou gepubliceerd worden.

Zeer vroeg reeds, ruim twee jaar van tevoren, weerhield Ferraris te Parijs een graveur, gespecialiseerd in de geografie, daar hij er hier geen kon vinden. Hij koos Jean-Baptiste-Pierre Tardieu (1746-1816), uit een gerenommeerde familie van kunstenaars, waarvan elkeen zich op een of andere wijze met het graveren inliet; zijn vader was meester-gladslager en leverde mogelijk de koperplaten bestemd voor de kaart.

J.B.P. Tardieu arriveerde te Mechelen in de zomer van 1773. Hij was vergezeld van enkele werklieden, en had zijn gereedschap en een aantal gravures bij zich, wellicht om te dienen als modellen. Bovendien was hij vergezeld van een van zijn jongere broers, Antoine-François, ook wel genaamd Pierre-François of "Tardieu l'Estrapade" (1751-1822), die hij zelf zou opleiden en die later een gewaardeerd geografisch graveur zou worden.

Hetzelfde aanbod had hij gedaan aan een andere broer, Pierre-Alexandre (1756-1844), de toekomstige graveur van de Marine, maar deze weigerde. Ferraris die graag zijn medewerkers groepeerde, vestigde het graveerdersatelier in de kanongieterij te Mechelen (Oude Brusselstraat). De graveerders zelf woonden in de onmiddellijke nabijheid, namelijk in de Korte Schipstraat. Voor hen bekwam hij het "edelmans vrijdom": een vrijstelling van accijnzen op bepaalde voedingswaren. Omdat het werk niet voldoende vlug opschoot vroeg Ferraris in 1774 vader Tardieu te Parijs voor hem twee of drie bijkomende graveurs te recruteren. Ongelukkigerwijze stond een van hen zwaar in het krijt bij enkele bijzonder actieve schuldeisers, die de Franse regering er wisten van te overtuigen dat vader Tardieu het vertrek van bekwame vaklui in de hand werkte ten behoeve van vreemde regeringen. Hij geraakte in de gevangenis; de bankroete graveur werd te Parijs geblokkeerd en een andere halverwege onderschept: een diplomatiek incident, maar tevens een goudmijn aan details voor de historicus die namen, data en inventarissen van geconfisqueerde bagage vindt. Het volgende jaar werden nog twee graveurs in dienst genomen. Dit keer echter volgens de meest correcte administratieve weg: de vraag werd gesteld aan de Franse koning. Ferraris bekwam ook dat twee leerlingen van de Academie voor graveerkunst te Wenen in de leer werden gezet bij Tardieu, waarover hij op dat ogenblik in hoge mate tevreden was. Ferraris beschikte in deze periode over tien graveurs, het zouden er later zelfs twintig worden. Tardieu huwde te Mechelen met een Gentse, Maria Theresia Maurisse. Het werd stilaan de hoogste tijd; de afwerking der vijfentwintig prenten boekte nauwelijks vooruitgang. De afbakening der grenzen was een netelig probleem; de talrijke en niet-aflatende territoriale betwistingen leidden voortdurend tot wijzigingen die noopten tot correcties op de koperplaten of tot het met de hand *retoucheren* van de reeds gedrukte exemplaren.

Cat. nr. 139

Cat. nr. 64

Plots ontstaat onenigheid tussen de generaal en zijn graveurs. Ferraris bracht een *blitzbezoek* aan Wenen, waarbij hij een exemplaar van de kabinetskaart aan de keizer aanbood (10 december 1777) en Tardieu profiteerde van zijn afwezigheid om een paspoort aan te vragen voor zichzelf en zijn broer, waarna zij met stille trom naar Parijs verdwenen. Nu duikt voor het eerst de naam op van de man wiens naam als enige prijkt op de *carte marchande*: Louis André Dupuis (?-1807). Rond dezelfde tijd begint Ferraris er zich over te beklagen door zijn graveurs gedupeerd te zijn voor meer dan negenduizend gulden. Men vreest bovendien dat er te Parijs een namaakdruk zal verschijnen van de kaart waaraan de gebroeders Tardieu zo lang hadden gewerkt en waarvan zij proefdrukken hadden meegenomen.

Maar ook Dupuis was een Parijzenaar. Dank zij hem kon de verkoop van het geheel zonder al te veel vertraging starten, zelfs al is het zo dat bepaalde prenten, onder meer het plan van Brussel, in de eerste exemplaren onafgewerkt voorkwamen. Naast de geografische prenten bevat de atlas ook decoratieve bladen die te Parijs werden gegraveerd, wat een voortdurend over en weer zenden van proefdrukken met zich meebracht, met nieuwe vertraging als gevolg.

Na het voltooien van de *carte marchande* werkte Dupuis een tijdlang voor Karel-Alexander van Lotharingen, begaf zich wellicht naar Oostenrijk, stond enige tijd in dienst van de tsaar met de graad van luitenant-kolonel der infanterie, dienstdoend als ingenieur, en beëindigde ten slotte zijn leven in Portugal, zeer gewaardeerd, met dezelfde rang; hij hield er zich bezig met het tekenen, graveren en uitgeven van landkaarten.

De groep der graveurs die Ferraris te Mechelen bij mekaar had gebracht viel geheel uit elkaar. De persen werden naar Brussel overgebracht samen met de stock. Ook de vrouw van Tardieu trok naar Parijs om er haar echtgenoot te vervoegen.

Het is waarschijnlijk dat Belgische kunstenaars aan deze onderneming deelnamen; nochtans vonden wij er totnogtoe geen enkele die verklaart in het Mechelse atelier opgeleid te zijn. Blijkbaar beïnvloedde het kortstondige bestaan van dit atelier geenszins de ontwikkeling der graveerkunst in België.

De handschriftelijke kaart, genaamd *kabinetskaart*

Deze kaart bestond uit 275 vellen van 90 bij 150 cm, getekend met de pen en geaquarelleerd op zwaar papier op linnen gekleefd; zij werd uitgevoerd in drie exemplaren. Het eerste exemplaar, bestemd voor de keizer werd hem, zoals hoger gezegd, door Ferraris aangeboden in december 1777. Het tweede, met het wapen van Karel Alexander van Lotharingen, bleef te Brussel tot bij de woelige gebeurtenissen van de Franse inval. Het derde exemplaar, dat niet in het net werd uitgevoerd zoals de twee vorige, maar bestaat uit de oorspronkelijke kaartbladen, werd naar Wenen gezonden ten behoeve van de administratie die zich met het bestuur der Zuidelijke Nederlanden inliet. Ten tijde van de politieke grondverschuivingen, veroorzaakt door de Franse revolutie en gedurende de woelige jaren die erop volgden, wekten deze exemplaren omwille van hun rijkdom aan informatie heel wat hebzucht op. Zij gingen meermaals over in de handen van nieuwe eigenaars. Het exemplaar dat voor de keizer bestemd was wordt vandaag bewaard te 's-Gravenhage. Dat van Karel-Alexander van Lotharingen keerde naar Brussel terug (Koninklijke Bibliotheek Albert I), dank zij een speciale clausule van het vredesverdrag van 1919. Het exemplaar bestaande uit de oorspronkelijke kaartbladen dat esthetisch het minst, maar informatief het meest interessante is, bleef te Wenen in het Kriegsarchiv. Omwille van hun belang voor 's lands geschiedenis werden het exemplaar bewaard te Brussel, evenals de twaalf delen *mémoires* die erbij horen in kleurenreproduktie uitgegeven op initiatief van het Gemeentekrediet van België. De kaarten zijn herleid tot de schaal 1/25000, teneinde vergelijking mogelijk te maken met de hedendaagse kaart op deze schaal gepubliceerd door het Nationaal Geografisch Instituut.

De gegraveerde kaart, genaamd *carte marchande*

De verkleinde versie, in druk uitgegeven, bestaat uit 25 bladen (maximum 56 bij 90 cm): een titelprent, een verzamelkaart op schaal 1/432000, 21 kaarten op schaal 1/86400 en een gravure die het overhandigen van de kaart aan Jozef II voorstelt. Het verschijnen ervan werd met enthousiasme begroet omwille van het peil van het graveerwerk evenals om de rijke inhoud. In het dagelijkse gebruik verving de kaart van Ferraris die van Fricx. Zij verwierf op militair vlak uitzonderlijk belang tijdens de oorlogen die volgden op de Franse revolutie.

In 1794 werden de koperplaten aangeslagen door de Fransen die er meerdere uitgaven van bezorgden, sinds 1804 gekenmerkt door de toevoeging van de metrische schaal. Nadat zij in het bezit gekomen waren van de regering van het Koninkrijk der Nederlanden werden zij door deze laatste aan België aangeboden: zij werden gedeponeerd bij de Koninklijke Bibliotheek. Rond 1970 werd een facsimilie-uitgave op de markt gebracht door het Belgisch Nationaal Geografisch Instituut.

De waarde van de Ferrariskaart en haar lotgevallen

De Ferrariskaart is de eerste gedetailleerde topografische kaart die het toekomstige België in zijn geheel voorstelt. Hoewel zij deel uitmaakt van het geheel van opmetingen der Habsburgse erflanden, dat men gemeenlijk de *Josephinische Landesaufnahme* pleegt te noemen, onderscheidt zij er zich toch van door een sterke Franse invloed op het koloriet, de conventionele grafische tekens, de opvatting van het geheel, de standaardmaat (Franse voet) en het gebruik van de triangulatie van Cassini, waarvan deze Franse astronoom welwillend de gegevens had doorgegeven.

Zij is gebaseerd op een rechtstreekse opmeting van het terrein. Hoewel zij kennis hadden van en zich behielpen met oudere of eigentijdse, reeds bestaande kaarten, doorkruisten de artilleristen het land aan een ritme dat voor hun tijd normaal was en dit volgens de normen van precisie die toen voor goed golden. Daar zij de aanvankelijke tekeningen zeven en een halve maal verkleinde moest de *carte marchande* ze wel noodzakelijkerwijze vereenvoudigen en "veralgemenen". Minder gedetailleerd is het een uitnemende kijk op het geheel van het land. Zij wordt vervolledigd door een kaart der Nederlanden op één enkel blad, bijzonder nuttig voor alle mogelijke administratieve problemen. Eertijds was de kabinetskaart slechts aan enkele ingewijden bekend. Wanneer men sprak over "de kaart van Ferraris", dan bedoelde men daarmee de gegraveerde kaart. Zij werd veel gebruikt tot in het midden der vorige eeuw. Dit verklaart de drie wederuitgaven op dezelfde schaal als het origineel: sinds 1795-1796 door L. Capitaine en P.G. Chanlaire te Parijs; in 1831-1832 door Philippe Vandermaelen te Brussel, en opnieuw door L. Capitaine in 1836, eveneens te Parijs. Bovendien vormden zij lange tijd de basis voor het merendeel der kaarten van ons land die haar min of meer getrouw weergeven of plunderen. Heden ten dage heeft de situatie zich omgekeerd. Dank zij de verspreiding van de kleurenreproduktie raakt de kabinetskaart meer en meer bekend en bestudeerd, terwijl de gegraveerde versie langzamerhand in de vergetelheid raakt.

De lotgevallen der Artilleristen-Cartografen

De ontbinding van Ferraris' team zette al zeer vlug in. Het nationale artilleriekorps, dat een zekere autonomie had bewaard ten opzichte van Wenen tot in 1772, werd veel hechter ingelijfd bij het Oostenrijkse leger en meerdere compagnieën verlieten het land. Bovendien zag het grootste deel daarvan bij het uitbreken van de oorlog in Bohemen zich verplicht het krijgstoneel te vervoegen. Voortaan kwam het nog slechts incidenteel voor dat een of andere artillerist een kaart opmaakte.

Ferraris ten slotte leidde verder het klassieke leven van een stafofficier, eerst hier bij ons, later toen de revolutionaire gebeurtenissen hem verplichtten de regering te volgen, te Wenen.

(Vertaling H. Installé)

Beknopte Bibliografie

De Smet, A., "Over militairen en kartografie", in *Revue Belge d'Histoire Militaire*, 16de reeks, 1966, p. 465-485.

Arnould, M.-A., "Joseph-Jean-François, comte de Ferraris", in *Biographie Nationale*, dl. XXXIV, afl. 1, 1967, kol. 277-299.

Lemoine-Isabeau, C., "La gravure de la carte de Ferraris", in *Gazette des Beaux-Arts*, Paris, 1972, p. 371-374.

Idem, *Les militaires et la cartographie des Pays Bas meridionaux et de la Principauté de Liège à la fin du XVIIe et XVIIIe siècle.* Centre d'Histoire Militaire. Travaux, nr. 19, Brussel, 1984.

Idem, "Ferraris", in *Lexikon zur Geschichte der Kartographie*, o.l.v. Dr. J. Dörflinger, Dr. I. Kretschmer en Dr. F. Wawrik, Wenen, 1986.

Cat. nr. 71

Binnenhuis van Gotiek naar Renaissance

Michèle EEMAN
Hoofd Dienst Monumentenzorg

Dank zij Margareta van Oostenrijk werd Mechelen, in de 1ste helft van de 16de eeuw, het culturele centrum van de Nederlanden. Het hof van deze kunstminnende landvoogdes was immers een belangrijk trefpunt voor musici, letterkundigen, humanisten, beeldhouwers en schilders uit verscheidene landen.

De prachtige verluchte handschriften, die heden tentoongesteld worden in de Koninklijke Bibliotheek te Brussel, getuigen van de muzikale en literaire kwaliteiten van deze Habsburgse prinses.

Vermaarde beeldhouwers als Conrat Meit, Jan Mone en Guyot de Beaugrant werkten voor het Hof en vestigden zich geruime tijd in de Dijlestad. Zij speelden een vooraanstaande rol bij de verspreiding van de Renaissancekunst in onze gewesten. De nieuwe vormentaal doordrong ook het werk van de hofschilders Jan Gossaert, Bernard van Orley en Jan Vermeyen.

Deze expositie vraagt aandacht voor enkele andere boeiende kunstdisciplines uit de overgangsperiode van gotiek naar Renaissance, nl. architectuur en binnenhuisinrichting, waar dan vooral de kunstambachten aan bod komen. De recente consoliderende restauratie van Margareta's paleis, uitgevoerd onder de deskundige leiding van de Regie der Gebouwen-Antwerpen, heeft een grote inbreng in het opzet van deze tentoonstelling.

Dit laat-gotische hof werd opgericht door de beroemde bouwmeesters Keldermans. De straatvleugel, waarvan het ontwerp toegeschreven wordt aan Guyot de Beaugrant, zou het oudst bekende voorbeeld van Renaissance-architectuur in de Nederlanden zijn. De periode einde 15de-eerste helft 16de eeuw was voor de architectuur te Mechelen uitermate rijk. Er werd niet alleen voor de Habsburgers gebouwd. Het merkwaardig aantal bewaarde woonsten van adel, clerus en burgerij kan dit getuigen. We denken hierbij vnl. aan de hoven van Busleyden, Schoofs, Palermo en Cortenbach, de refugies van Tongerlo en St.-Truiden en de huizen "het Paradijs", "de Zalm" en "het Hemelrijk". Spijtig genoeg rest er weinig of niets van hun oorspronkelijke binnenhuisafwerking en originele inboedel.

Met deze tentoonstelling willen wij – aan de hand van enkele representatieve stukken – een sfeerbeeld geven van een dergelijk rijk binnenhuis.

Het is zeker niet de bedoeling een authentiek interieur uit die periode te reconstrueren. Dit zou een onmogelijke opdracht zijn.

Buiten een balk en een console, een stukje muurschildering, een schouw en een hoekje vloer blijft immers niets meer bewaard. Bovendien is het wetenschappelijk onderzoek inzake "nagelvaste" interieurelementen nauwelijks gestart. Ter gelegenheid van deze kunstmanifestatie brengt de hiernavolgende bijdrage enkele nieuwe gegevens over de bouw en binnenhuisafwerking van Margareta's residentie aan het licht.

Gotisch of Renaissance meubilair is eveneens zeer zeldzaam. De meubelen "de haute époque" dienen met de grootste reserve benaderd te worden. Vooral in de 19de-begin 20ste eeuw, werden deze gebruiksvoorwerpen "mooi" hersteld. Daarnaast zijn er nog de vakkundig gemaakte kopieën uit vorige eeuw en de misleidende vervalsingen...

De oorspronkelijke pracht en praal van een adellijk hof, als dat van Margareta, kunnen we niet evenaren. Inventarissen van haar bezit signaleren ons een overvloed aan schatten: gouden, fluwelen en damasten stoffen, wandtapijten met goud- zilver- en zijdedraad, zilveren serviezen, glaswerk, prachtige juwelen en medailles naast een unieke verzameling schilderijen en beeldhouwwerk. Slechts een miniem gedeelte is bewaard en geïdentificeerd.

Dank zij enkele uitgelezen stukken uit Oostenrijkse en Belgische musea en verzamelingen kan men zich hier toch een idee vormen van de verfijnde wooncultuur tijdens de behandelde periode.

Hierbij aansluitend wordt ook een minder bekend aspect uit de gotische en Renaissance kunstambachtelijke produktie belicht nl. de juweelkunst. Bij vergelijking van de verschillende boedelinventarissen van Margareta blijkt dat zij tijdens haar verblijf te Mechelen heel wat juwelen heeft aangekocht.

Vooral in de decoratieve kunstnijverheid zoals de edelsmeedkunst, de wandtapijtweverij, het kleine sculptuurwerk in albast of palmhout werden de nieuwe Renaissancevormen vlug toegepast. De vormgeving van meubilair en gewoon huisraad bleef in de eerste helft van de 16de eeuw nog sterk traditiegebonden. Een volgende bijdrage leert daarover meer.

Cat. nr. 172

Aspecten van het burgerlijk interieur te Mechelen ca. 1480-1530 Hof van Margareta Hof van Cortenbach

Johan GROOTAERS
Bouwhistoricus

In de periode 1480-1530 werden in de meeste Brabantse steden imposante woonsten gebouwd die van de doorsnee huizen verschilden door hun wijze van inplanting, bestemming, complexe architectuur en materiaalkeuze. Zowel vooraanstaanden uit de adel en de handelsmilieu's als vertegenwoordigers van de geestelijkheid kozen meer en meer de stad als woon- en residentieplaats. De opkomst van de derde stand in de 15de eeuw en de ontwikkeling van de stadscultuur deed een levenswijze ontstaan waarin het bewustzijn van het individu aangewakkerd werd. Op deze nieuwe humanistische levenshouding werd het woonmilieu ingericht.

In steden als Antwerpen, Brussel, Mechelen en Leuven gaf dit aanleiding tot de bouw van "hoven", "hotels" en refugies van abdijen en kloosters. Het waren voornamelijk ruimten om te verblijven, te ontvangen, te ontspannen, kortom plaatsen waar zich een hedonistische wooncultuur kon ontplooien. Opgetrokken in de zgn. Brabantse bak- en zandsteenstijl waren deze hoven zelfstandige architecturale entiteiten, enigszins afgeschermd van de drukte in de middeleeuwse stad. Te Mechelen vertoont de hovenbouwkunst grondkenmerken die men aantreft in andere steden, terwijl er tegelijk meer lokale aspecten te onderkennen zijn. De aanwezigheid van het bouwmeestersgeslacht Keldermans zal daar zeker niet vreemd aan geweest zijn. De opdrachtgever voor de bouw van zo'n hof kocht huizen en gronden op daar waar hij het geschikt achtte, veelal op oude kloosterdomeinen of strategisch gelegen op een of ander hoekperceel. De inplanting was dus onvoorspelbaar maar gaf de ontwerper de kans om binnen de gegeven situatie zelf gestalte te geven aan de eisen van de bouwheer. De hoofdbouw – met doorgaans 1 à 2 verdiepingen onder het steile puntdak – was langwerpig in deelvolumes gebouwd, ofwel L-vormig rond een binnenhof en in enkele gevallen meer complex. De behandeling van de gevels en de groepering der massa's is speels en schilderachtig met een fijn gevoel voor architectonisch evenwicht. Men bouwde niet, zoals in de zuivere Renaissance, vanuit een architectonische totaalvisie; de volle aandacht ging uit naar elk onderdeel afzonderlijk en zijn detaillering.

De polygonale of vierkant ingeplante traptoren, de gaanderij, de loggia, de erker en de huiskapel: het zijn alle elementen die behoren tot de basisuitrusting van deze patriciërswoningen. In de uitwerking van deze elementen laat zich de invloed van de Renaissance soms gevoelen, maar het basisconcept is onmiskenbaar middeleeuws. Er is een corporatief georganiseerde aanvoer en verwerking van materialen, een praktische bestemming met rationele schikking der vertrekken en de typische symbiose tussen constructie en vormschoonheid. Wanneer te Mechelen ca. 1520-1525 de nieuwe italianiserende vormentaal haar intrede doet in een nog goeddeels laat-gotisch architectuurkader, doen zich twee ontwikkelingen voor. Enerzijds treft men gebouwen aan waar de antiquiserende ornamenten haast onopvallend en spaarzaam worden ingeplant in een gotisch-flamboyant geheel; zie bv. het gebruik van tondi (cirkelmedaillons) in de zijgevels van het stadhuis (1526). Anderzijds verrijzen gevels waar het laatgotische en het nieuwe ornament op elkaar inwerken, versmelten en een soms hybride stijl opleveren. Vegetale, antropomorfe en dierlijke sierelementen scheppen een onrustig en bont decorum, kijk maar naar de gevels van het huis "De Lepelaar" (1519) of "De Duivels" (houtbouw 1540). Te Mechelen zal deze laatste "grotesken-stijl" veruit overwegen ten opzichte van de "arabeskenstijl" die uitsluitend beperkt blijft tot naturalistische en plastisch gestileerde plantenranken.

Vanuit deze geschetste achtergrond bespreken we nu enkele wezenlijke aspecten van het onroerende, "nagelvaste" interieur van de hovenarchitectuur tijdens de overgang van laat-gotiek naar Renaissance: de aard van de vertrekken, de wanden en hun afwerking, vensters en deuren, zolderingen, haarden en trappen.

Voor een kennismaking met de interieurinrichting hebben we onze keuze laten vallen op het Hof van Cortenbach, gelegen aan de Korenmarkt, en het overbekende Hof van Savoye, het voormalige Paleis van Margareta van Oostenrijk in de Keizerstraat. We verantwoorden zo dadelijk deze keuze. Het Hof van Cortenbach is een typische laatmiddeleeuwse adellijke woning, door Jan IV Cortenbach en Lisbeth Bau opgetrokken ca. 1500. Het is een in de langsas opgezet bouwwerk in bak- en zandsteenstijl, twee bouwlagen onder het steile zadeldak. Het hoofdvolume met ingewerkte loggia en kamer van de heer is gebouwd op een halfgrondse gewelfde kelder, de lagere gelijkgrondse bijbouw herbergde eertijds de slaapvertrekken en de keuken. Spitsvondig van ontwerp is de overgang van beide bouwvolumes met een geïntegreerde bordestrap op vierkant plan die beide niveau's én een huiskapel met polygonale erker bedient. M. Breckpot wijdde aan dit vergeten (beschermd) monument een monografie waaruit wij ruimschoots gegevens putten. Ondanks de verminkingen, verbouwingen en verwaarlozing van dit complex wensen we nogmaals de aandacht te vestigen op de bouwhistorische waarde ervan. Meer bepaald de originele onderdelen van de interieurinrichting, niet enkel de reeds bekende maar ook de nog verborgen elementen die tijdens een gepland onderzoek aan het licht zullen komen.

Van het oorspronkelijk interieur van het Paleis van Margareta is weinig in situ bewaard. De geschiedenis en verregaande 19de-eeuwse restauraties hebben van het 16de-eeuwse interieur weinig intact gelaten. De ernstige beschadiging van het Hof anno 1546 (springen van de Zandpoortvest), het verblijf van kardinaal Granvelle (1561 e.v.), de installatie van de Grote Raad van Mechelen (1616-1695), de vestiging van een rechtbank, de inwoning van prins de Méan, maar vooral de "grote schoonmaak" ca. 1844 en de neorenaissancistische meubilering ca. 1880, dit alles heeft geleid tot een complex met vervormde authenticiteit.

Om een verfrissende kijk te bieden op dit vertroebelde beeld van het hofinterieur ten tijde van Margareta van Oostenrijk werden de stadsrekeningen uit de periode 1509-1527 er op nagelezen. De stad Mechelen had immers een belangrijk aandeel in de bouw en de financiering van het Hof en de rekeningen geven boeiende informatie over de afwerking door allerlei ambachtslui. Ter aanvulling worden verder de nog originele onderdelen van het interieur besproken, in situ of in musea bewaard.

De landvoogdes wist haar hofhouding te leiden zoals ze de staat regeerde. Enerzijds in vrijheid en vastberaden, anderzijds vol generositeit en met gevoel voor schoonheid. Maatgevoel en distinctie, kwaliteiten die men aan zo'n hof mag verwachten, waren voor Margareta spontane natuurlijke gaven die niet gebonden waren aan een of andere plek. Dergelijke geestesinstelling was echt als ze door creativiteit en intelligentie werd gedragen. Het is dus ongenuanceerd te stellen dat het Hof te Mechelen een plaats was waar in een geest van verfijning de Renaissancekunst werd geschapen en verspreid over de Nederlanden. Margareta boodt enkel een ruimte aan waar artiesten, musici en geleerden uit alle windstreken hun reeds erkende kwaliteiten en talenten konden ontwikkelen en stimuleren. De aanwezigheid van architecten (Guyot de Beaugrant), beeldsnijders (Jan Mone, Conrat Meyt), schilders en graveurs (Jan Gossaert, Barend Van Orley, Jacopo de Barberi, Cornelis Vermeyen), tapijtwevers (Pieter de Pannemaker) was van tijdelijke aard. Deze mobiliteit en flexibiliteit was een belangrijk kenmerk van de interieursfeer die in het Hof te Mechelen heerste. Er moest voortdurend voorzien worden in de praktische opvang, verzorging en tijdelijke huisvesting van gasten, elk met eigen smaak en gewoonten. De kamers of *appartements* dienden bijgevolg comfortabel en gerieflijk te zijn met een minimum aan meubelen. De afwerking zal dus zelden zeer kostbaar of van een vast karakter zijn geweest.

Alvorens een beeld te vormen van de vertrekken die door Margareta persoonlijk werden betrokken of verband hielden met de uitoefening van haar politiek ambt, is het leerzaam een blik te werpen in het complex van kamers en gangen dat ter beschikking stond van de gasten en de hofhouding. Rond 1509 zijn schrijnwerkers, metselaars, schilders, leemplakkers, slotenmakers, tingieters en smeden aan het werk in de vleugels van de Korte Maagdenstraat en de Voochtstraat. Vanaf 1517 wordt er vooral gewerkt aan de gehoorzaal en het poortgebouw langs de Keizerstraat. De rekeningen gewagen van o.m. volgende vertrekken: *groote camere beneden, cleyn camere, nieuw camere, boven camere, hoech cameren ondert dack, boven opten soldere...* Verder is er sprake van meerdere *gherderobbe*, een *cokene* (keuken), *soldere* enz. De gasten konden bij aankomst hun paarden achterlaten in de *stalle*, de hoeven laten verzorgen in *tshoefmeesters huys* en dadelijk de dorst laven met drank afkomstig uit het *bierhuysken*. De veelheid van vertrekken van uiteenlopende omvang en ligging wijst op een interieur met steeds wisselend licht- en schaduwspel, niveauverschillen en doorkijkjes.

Voor de uitoefening van haar ambt had de landvoogdes de beschikking over een legertje ambtenaren, secretarissen, klerken en boden die allen op een of andere manier onderdak moesten vinden. De meest imposante ruimte van het Hof was natuurlijk de *oratoer van my vrouwe*, de gehoorzaal met het bekende Renaissance-balkon in de Keizerstraat en de buitentrap onder het poortgebouw. Deze diepe zaal, verhoogd gebouwd op een halfgrondse driebeukige kelder, wordt enkel via het binnenhof verlicht door vier monumentale kruisvensters met omlijstingen die reeds renaissancistisch van profiel zijn. Het verhoogd bouwen van een zaal ziet men ook toegepast in het Hof van Cortenbach: de kamer van de heer verheft zich statig boven een halfgrondse keldering en schept een spanning tegenover de lagere slaap- en rustvertrekken. De kelder onder Margareta's gehoorzaal zal wellicht als administratieve griffieruimte in gebruik geweest

Cat. nr. 208

zijn; verder was er een *secretarie* in het Hof gevestigd.

Het intellectueel en geestelijk leven speelde zich rondom Margareta af op velerlei niveaus. De landvoogdes bezat één van de rijkste bibliotheken van de Lage Landen waar kostbare wiegedrukken, geschriften en verluchte handschriften werden bewaard en verzameld. De *liberarie van my vrouwen* komt dan ook meermaals ter sprake in de stadsrekeningen naar aanleiding van een of andere binnenafwerking. Ze was gesitueerd op de verdieping van de vleugel in de Korte Maagdenstraat, zijde binnenhof, daar waar zich nu nog de bibliotheek bevindt die in 1697 werd verfraaid door de Grote Raad (o.m. stucplafonds/houtwerk). De slaapkamer van Margareta, de *camer van my vrouwe*, was achter de bibliotheek gelegen niet ver van het donjon-achtige trappehuis met loggia.
De hofkapel met *outaer*, gelegen aan de overkant van de Korte Maagdenstraat, werd bereikt via een gang met houten spitstongewelf (deels bewaard) die de straat overbrugde.

De bewindsvrouw beschikte over al het wooncomfort, zo b.v. was er een *stove* (badkamer) en een *secrete*, inrichtingen die enkel de rijksten gegund waren. Vermeldenswaard is de *camer van de juweelen*, een bunkerachtig vertrek, vandaag bekend als het kabinet Granvelle. De verzameling juwelen en edelmetalen die Margareta bezat was uniek in zijn soort en vroeg een tegen brand en diefstal beveiligde ruimte. Ten slotte was er nog een *silver camer* met alle eetserviezen en gerei dat nodig was voor de talrijke prachtmaaltijden en ontvangsten. Tot zover een overzicht van een aantal representatieve ruimten in het Hof van Savoye. Bespreken we nu meer systematisch de nagelvaste onderdelen van een hofinterieur te Mechelen ca. 1480-1530 met als voorbeelden het Hof van Savoye en het Hof van Cortenbach.

Trap-loggia

Het Hof van Margareta bezat, gezien de grillige plattegrond en de uiteenlopende bestemming der vertrekken, trappen van verschillende vorm en omvang. Eenvoudige houten spiltrappen, die men toentertijd aantrof in het merendeel van de woonhuizen, werden hier kennelijk niet meer opgetimmerd gezien het brandgevaar en het intense gebruik. In 1510 werd er gemetseld aan een *cleyn en weyndel steen* en een *cleynen wendel graet*, waarmee witstenen wenteltrappen bedoeld worden. De vleugel in de Korte Maagdenstraat bewaart in een polygonaal uitgebouwde bakstenen trappehuis nog dergelijk type van trap, hier voornamelijk in gebruik geweest als dienstrap. Monoliete vleugelvormige treden zijn met hun afgeronde einde om één as gestapeld; de treden fungeren tegelijk als overwelving. De trapwand werd voorzien van *streck leen gheerden* en *hauvasten* (leuningen) in gesmeed ijzer.

Zowel in Margareta's Hof als in het huis van Cortenbach ging de voorkeur evenwel uit naar ruimere trappen op vierkant plan, een typisch kenmerk van de opkomende Renaissance. Dergelijk traptype, zij het op kleinere schaal, was er oorspronkelijk ook in het Hof van Cortenbach. Daar werd niet meer geopteerd voor de traditionele uitgebouwde polygonale traptoren maar voor een vierkante bordestrap met stenen netgewelf, kundig gelokaliseerd op de overgang van het hoger en het lager huisvolume.

Anno 1519-1520 werd in de oksel van de vleugel Voochtstraat / Korte Maagdenstraat een donjonachtig trappehuis opgericht. De begane grond is opgevat als een met korfbogen opengewerkt portaal met aansluitende *vestibule* die toegang verlenen tot de eretrap, bekend als *den grooten weyndelsteen*. Het is een breed uitgemeten tweearmige constructie in natuursteen met overloop en laat-gotische leuning. Twee imposante spitsboogramen zorgen via de Voochtstraat voor lichtinval. De originele zoldering is van moer- en kinderbalken voorzien.

Vanaf de verdieping geeft de eretrap in het Hof van Savoye toegang tot een stemmige loggia. Langs de hofzijde is hij opengewerkt met twee gekoppelde driepasbogen op middenzuil, onderaan afgezet met borstwering. Bezijden de loggia start een origineel bewaarde dubbel scheluwe wenteltrap op vierkant plan met gemetseld gewelf, in feite een ontwikkeld type van de spiltrap die we aantroffen in de vleugel van de Korte Maagdenstraat.

Het construeren van een vestibule of loggia wijst in beide hoven op een evoluerende wooncultuur die aandacht heeft voor het comfort van het individu. In het Hof van Cortenbach zijn de bordestrap en de kamer van de heer langs de hofzijde verbonden met een door twee bogen opengewerkte loggia, voorzien van borstwering en kunstig ribgewelf. De loggia gaf de heer de mogelijkheid gasten te ontvangen zonder de rest van de woning te moeten betreden.

Wandafwerking

Zowel uitwendig als inwendig waren deze gebouwen geheel bakstenen en witstenen constructies; hout werd enkel aangewend voor de balklagen, lichte tussenwanden en daktimmers. Uitwendig werd opgevoegd baksteenparement dikwijls geaccentueerd met een dagstreep, ofwel kalkte of kaleide men van meetaf aan bepaalde gebouwdelen. Inwendig kregen de ruw gemetselde wanden altijd een bepleistering met een specie op basis van groevezand, gebluste kalk en desgevallend wat dierlijk haar, aluin, lakmoes enz... Het uitgeharde afwerklaagje was wit tot ivoorkleurig en geborsteld van textuur. Anno 1519 wordt inderdaad melding gemaakt van *leemplekkers* die in *diversen cameren* de muren *beset* hebben. Het jaar daarop werden *drie camere gemaect ende met leeme beset*. Voorts is er nog sprake van *354 voeten plaetsterye*, verwerkt in de omgeving van het *duyenhuys* (duifhuis).

De dikte van binnenmuren was veelal constant (1 à 2 stenen). Meermaals maken de rekeningen melding van meerdere *scrinmakere* die belast werden met het *schuttene vander cleyn nieuw camere, vander gherderobben, ende schutsels ghemaect inde libraye.* Wellicht worden houten wandbetimmeringen bedoeld die tot op halve hoogte werden aangebracht, een soort lambrisering in paneelwerk met afdeklijst. Of is hier sprake van vrijstaande schotten? Ook ingemaakte kleerkasten, vermeld als *komme* en *clerkomme*, blijken met schotten in *witten berde* (grenenhout) afgebakend te zijn geweest in een ruimer vertrek.
In de kelder van het Hof van Savoye zijn nog twee 16de-eeuwse restanten van dergelijke wandbeschotten bewaard (recentelijk behandeld in het K.I.K. te Brussel). Beide planken in geschaafd eikehout zijn beschilderd met een geometrisch patroon van langwerpige ruiten (alternerend donkergroen en bleekoker) waarin telkens de vergulde gotische minuskuul "M" en "a" prijkt, de initialen van Margareta van Oostenrijk. De dikte der planken, de halfhoutse randinkepingen, de bevestigingssporen, de versnijdingen van de ruiten en de paginering van de initialen wijst in de richting van zelfdragende staande wandbeschotten, eerder dàn resten van een plafondbekleding zoals wel eens geopperd werd. Geschilderde ruiten zijn optisch niets anders dan kubussen die een illusoir diepte-effect oproepen. Dergelijke geometrische decoratie is middeleeuws van oorsprong, vergelijk bv. met gelijkaardige polychromie die in 1984 werd aangetroffen in het huis "Den Roosegaert" aan de Steenweg (ca. 1500).

De aanwezigheid van het bekende goudleer als wandbekleding kan niet met zekerheid bepaald worden in het 16de eeuwse Hof van Savoye. Goudleer kwam uit Spanje overgewaaid vanaf de 16de eeuw (Cordova) en werd te Mechelen pas op grote schaal gefabriceerd tijdens de 17de eeuw. Het leer werd na de voorbereidende behandelingen (het wateren, ontharen, pelen, puren en schaven) met dunne zilverblaadjes belegd en gevernist met lak die de typische goudkleur schonk. De musea "De Zalm" en "Busleyden" bewaren elk nog een fragment goudleer dat afkomstig zou zijn uit het Hof van Savoye.
De kamer van de heer in het Hof van Cortenbach blijkt volgens 19de eeuwse beschrijvingen en litho's geheel afgemaakt te zijn geweest met Mechels goudleer, wellicht 17de-eeuws van origine. Een prachtig bewaard vertrek in Mechels goudleer treft men o.m. nog aan in het Schloss Augustusburg te Brühl bij Keulen.

Wandtapijten, los opgehangen aan de wanden, moeten beslist enkele kamers van Margareta's Hof opgesmukt hebben. Getuige de boedelinventarissen waarin sprake is van prachtige *tapisseries*, zowel verdures met haar eigen initialen als historiserende en religieuze taferelen.

Vensters - deuren - luiken - beslag

De bouwrekeningen informeren over de constructie van vensters van uiteenlopend type: *groote cruysveynteren, half cruys vensteren, glaesvensteren, rame met 6,4,2 gaten ghemaect* enz... Ons interesseert hier enkel de vulling van de witstenen omlijstingen, dat het werk was van de *scrinmakere*, de *smed*, de *slootmakere* en de *glaesmakere*. Het traditioneel laatmiddeleeuws kruisvenster werd in de beschouwde periode nauwelijks beïnvloed door de Renaissance vormentaal, althans te Mechelen. Het waren oerdegelijke stukken waarvan de constructie en de vormgeving door de corporatieve bepalingen tot de perfectie werden opgedreven. Het volwaardig kruisvenster bevatte onder het kruiskozijn een ietwat naar binnen geplaatst eikenhouten raamwerk in penen gatvergaringen waarbinnen 2 × 2 binnenwaarts draaiende vleugeltjes vielen, gevuld met glas-in-lood. Het Hof van Cortenbach heeft nog zo'n origineel raam bewaard, inclusief het fraai gesmede beslag. Niet weg te denken van het raam zijn de *bladerkens* of dubbel vouwbare binnenluikjes. Ze verlenen de wand het zo typische aspect van flexbiliteit; naar gelang van de bezonning of temperatuur konden de vakjes open of dicht staan, hetgeen een wisselende licht- en schaduwwerking gaf in het vertrek.

Geheel de raamconstructie werd natuurlijk voorzien van het nodige *beslach*, bestaande uit vierledige hoekhengsels en staartgehengen voor de beweegbare delen en T-hengsels voor het vast werk. Voorts het bijbehorende sluitmechanisme zoals luikgrendeltjes, knippen enzomeer. Het bovenlicht van een kruisvenster was enkel gevuld met een raster- of ruitvormig patroon van mondgeblazen *ghelaze* of *ruyte* die te samen werden *gebintloot* op horizontale *cruysen* om ten slotte bevestigd te worden op enkele in de steen gevatte gesmede *gelaesgeerden*.

Ofschoon niet aanwijsbaar mogen we veronderstellen dat in het Hof van Savoye de bovenlichten versierd waren met medaillons gebrandschilderd glas.

Sommige kamers binnenshuis werden wel vaker voorzien van een *cleyn binnenraemke*, hoog tegen de zoldering uitgespaard en licht ontvangend vanuit een gang of ruimer verlicht vertrek. Ter beveiliging en om de privacy te waarborgen werden vensters langs de stadszijde uitwendig *ghetralijt*. Denk maar aan het raam van de juweelkamer...

De constructie van binnendeuren was vrij uniform en traditioneel, op versieringsdetails na. Ze waren doorgaans klein en meestal asymmetrisch gesitueerd in een wand, hetgeen dikwijls boeiende doorkijkjes opleverde. Het Hof van Cortenbach bewaart nog twee unieke eiken binnendeuren uit de behandelde periode. Het eerste exemplaar, uit de slaapkamer van de heer, vertegenwoordigt het type van genageld paneel op een vakwerk van spiegel- en dwarsklampen, onderling stevig vergaard en getoog-

Cat. nr. 96

nageld. Daarop werden vier staande planken gespijkerd, samengevoegd met het wigverband en het voorvlak kunstig bewerkt met een geritmeerd holbol graatprofiel. Dergelijke laatmiddeleeuwse constructie zou eerder door een *tymmerman* dan door een *scrynmakere* uitgevoerd geweest zijn. Het tweede stuk, destijds opgemeten door E. Colinet, is vervaardigd in zgn. bospanelen: binnen een geprofileerd vakwerk zijn in groeven lichte paneeltjes geschoven, kunstig beschaafd met het gotische briefpaneel met eikebladmotief. Constructief past zo'n beduidend lichtere deur beter in de Renaissanceopvattingen van het burgerlijk interieur.

In de stadsrekeningen van het paleis worden binnendeuren enerzijds genoemd als "portalen", b.v. een *groot portael, eene cleyne poortaelkenne op de liberarie* en anderzijds als *dueren*, deze laatste onder meer uitgevoerd met *platte paneele*. De benaming "portaal" kan misschien betrekking hebben op een rijker uitgewerkte houten deuromkadering. De gemetselde deuromlijsting was veelal van witsteen, rechthoekig of korfbogig, rondom voorzien van een kwarthol profiel.

Vermeldenswaard is een originele branddeur, bewaard in het kabinet Granvelle, uitgevoerd in gesmeed vakwerk en beslagen platen. Deze deur gaf toegang tot een koker die in verbinding stond met een onderaards net van ontsnappingsgangen.

Zoals de vensters waren ook de deuren beslagen met het nodige ijzerwerk, klinken, sloten enz. De teksten gewagen van talrijke onderdelen zoal *clincken, grendels, streckooghen, brokets, hanthaven, latijsers, spanghen, crucklede, cruckoeghe* enz...

Wandhaarden

In vrijwel elke stadswoning, bescheiden of rijker van bouwwijze, is de wandhaard niet weg te denken als aantrekkingspool van warmte, licht, samenleven en activiteit. De sfeer rond de haard was bepalend voor de stemming in huis en nering. In de overgangsperiode van laatgotiek naar Renaissance overweegt in Mechelen, en in de meeste Brabantse steden, het type van laatgotische wandhaard in witsteen en baksteen veruit. In die periode stelt men bij dit basistype enkel een evolutie vast in vormgevingsdetails zoals profileringen, de aanwezigheid van snijwerk op de wangen en de aard van afwerken (kalken of polychromeren). In de gemene muur werden eerst inbindpenanten uitgemetseld waartegen dan de geprofileerde gestapelde witstenen wangen werden opgesteld. Deze vooruitgeschoven delen starten veelal op een kunstig uitgewerkt sokkeltje. De voorhangende wangdelen werden soms versierd met een gebeeldhouwd hoofdje, zo'n fraai exemplaar werd recentelijk vrijgelegd tijdens de restauratie van "Het Vuurstaal", Nieuwe Beggaardestraat 29. Bovenop de wangen komen overkragende dekstenen te liggen met profiel, als basis voor de korte zijden van de gemetselde schouwboezem. De naar boven toe verjongende boezem rust op een forse schouwbalk, begrepen tussen de dekstenen en dikwijls identiek geprofileerd. De eigenlijke stookwand is licht gebogen en terugwijkend gemaakt. De bekleding van haardvloer en wand is van vuurvaste gebakken steentjes in geometrisch patroon (zwart/rood). Centraal in de vloer is een veegkuiltje voor asse uitgemetseld.

Over de constructie en de stijlevolutie van volwaardige Renaissanceschouwen te Mechelen is vooralsnog weinig studie verricht. Het toeval wil dat het enig bekende en bewaarde pronkstuk in vroegrenaissancestijl (ca. 1520-1525) afkomstig is uit het Hof van Cortenbach. Dit monumentaal stuk, heden bewaard in het museum Hallepoort te Brussel (wapenzaal), werd uitgevoerd in hardsteen, witsteen, albast, stucco en polychromie. Jan Cortenbach en Lisbeth Bau lieten er hun initialen op aanbrengen. Vergeleken met het type laatgotische wandhaard is de samenhang van functie en vormschoonheid geheel zoek geraakt, de structuur en de decoratie zijn volmaakt klassiek met doorgedreven toepassing van de kroonlijst. Gedrongen hardstenen wangen, in de vorm van een halve kandelaberzuil waarop liefdesgodje, torsen en imposant hoofdgestel.

Het is opgesmukt met een arabeskenfries en geaccentueerd door veelsoortige geraffineerde lijsten.

De eigenlijke schouwboezem, rechthoekig als portiek opgevat, is gevuld met een stuccoreliëf waarop in hoogreliëf een Grieks mytologische ruiterscène voorkomt. Typisch is het holle bovenstuk of schelp: een raster van medaillons waarin telkens een gevleugeld engelenkopje, een geliefd motief van Jan Mone.

Over de open haarden in het Hof van Savoye ten slotte kunnen we kort zijn. Heden is geen enkel origineel stuk in situ bewaard gebleven. Wel bewaart het stadsmuseum Busleyden restanten van een witstenen schouw (zaal 11) die afkomstig zouden zijn uit het Hof van Margareta. Analyse van de ornamenten wijst duidelijk in de richting van de Antwerpse rolwerken groteskenstijl van P. Coecke van Aalst en C. Bos (1540-1545). De stilistische kwaliteit verraadt de hand van een meester beeldsnijder.

Zolderingen en gewelven

De constructie van houten zolderingen blijft in de behandelde periode nagenoeg ongewijzigd, invloeden van de opkomende Renaissance zullen zich enkel laten gelden in de versiering van consoles, balksleutels en in de manier van afwerken.

Tussen twee dragende langsmuren worden *balcken* of moerbalken geslagen, tegen de korte eindwanden komen smallere *stryckhouten* te liggen, alle met muurankers en schieters verzekerd in de metselrij. In de 14de en 15de eeuw was er nog een bouwwijze waarbij de zolderingsbalken werden opgevangen door halve muurstijlen en korbelen. Dit principe wordt in de laatmiddeleeuwse Mechelse hofbouwkunst geheel verlaten. De tussenafstand van de moerbalken correspondeert meestal met de venstervakken, zoals b.v. in het Hof van Cortenbach. In de gehoorzaal van het Hof van Savoye daarentegen noodzaakte de grote overspanning 7 kortere balkvakken tegenover slechts 4 geveltraveeën. Haaks op de moerbalken worden reeksen kinderbalken of *ribben* gelegd, met inkepingen en loeven deels of geheel verzonken en vernageld op de moerbalken. Enkele ribben zijn gewoonlijk specifiek vergaard met een zwaluwstaart of een gesmeed ijzer, dit om de langsverbinding in de balklaag te verzekeren.

De vloer bestaat in de regel uit reeksen *eycke plancke*, veelal in gekloven *waghenschoote* uitgevoerd. Om een gaaf naadloos plafond te bekomen, vrij van stofdoorslag, werd soms evenwijdig met de ribben dun kopshouten spreidsel gelegd waarboven dan de planken kwam te liggen. Deze werkwijze is eerder uitzonderlijk te Mechelen. In het pand "Het Vuurstaal", Nieuwe Beggaardenstraat 29, werden wel resten ontdekt van een balklaag die afgewerkt was in ongeschilderd fineerhout. In de slaapkamer van het Hof van Cortenbach treft men een eiken roostering aan met een originele afwerking van holle geleemde en gekalkte welfsels op latwerk, een techniek die bekend staat als geturkt werk of bontwerk.

Het zou ons te ver leiden om de evolutie van balksleutels en consoles hier te willen schetsen tijdens de periode voor en na 1500. Beperken we ons tot de originele elementen in de twee besproken hoven. De balksloffen in het Hof van Cortenbach bezitten een dubbel holbol profiel, dus geen peerkraal meer zoals gebruikelijk in de 15de eeuw. De forse witstenen consoles beschrijven – gezien de grote lastoverdracht – een ruim uitgemeten keel met bovenaan een rondstaaf met riempje en onder een holbol profiel.

De zoldering van Margareta's gehoorzaal is als bij wonder ontsnapt aan de 19de eeuwse binnenrestauratie. De polychromie heeft het niettemin moeten ontgelden. De imposante moerbalken zijn niet voorzien van de gebruikelijke platte sleutels maar in een bruuske overgang van balkbeloop naar balkkop werden volhouts prachtige schilddragende figuren in hoog reliëf uitgekapt. Ze zijn het werk van een meester-beeldsnijder en stralen onmiskenbaar de Italianiserende stijl van de jaren 1520-1525 uit. Enerzijds gedrongen mollige putti met hoog voorhoofd, krulhaar enz... en anderzijds antiquiserende vrouwen met vastberaden blik, gehuld in een fijn drapé mouillé. De gepolychromeerde wapens zijn deze van het huis van Savoye, Habsburg en Bourgondië, van de stad Mechelen, van het Vuurkruis, enz... De witstenen consoles van de roostering zijn evenzeer origineel Renaissancistisch: banderolvoluten waarop geknielde putti die triomfringen vasthouden, alles zeer plastisch uitgesneden.

Over gemetselde overwelvingen van woonvertrek-

ken kunnen we kort zijn. Er werd enkel in steen overwelfd als er enige praktische reden toe was. Zowel het gewelf van het kabinet van Granvelle als dat van de kamer achter de trapzaal in het Hof van Cortenbach zijn goede voorbeelden van gepleisterde bakstenen netgewelven zonder ribben (wel graten), versneden in geometrische ruiten, zwikken en tongen.

Kleurgeving

We eindigen dit verhaal in kleur. Dank zij enkele rekeningposten mag gesteld worden dat het Hof van Margareta van Oostenrijk er bonter uitzag dan men zou durven vermoeden. De *vensteren, cruysvensteren* en *cameren* werd meermaals *geveruwt ende geschildert.* Eén kamer werd geheel in het *gruen* gezet. Het rekeninguittreksel van 1517-1518 (fol. 232) is zo treffend dat we het hier onverkort weergeven:
Item betaelt Janne van Battele ende Pauwels Tueback, schilders, van diversche cameren, vensteren, doere, poertale, schouwe, balcke ende ribbe int hoff van Savoeye te schilderen met blauwe ende gheele damast, de doere ende venstere buyten ende binnen gruen te veruwenne ende de balcke ende ribben, boven met gulden magriëte met eender A daer boven van fyne goude gheleet ... 15 L 16 s.
De verbeelding kan zijn gang gaan...

Bibliografie

Bronnen
STADSARCHIEF MECHELEN,
Stadsrekeningen, anno 1509-1510
1510-1511
1511-1512
1512-1513
1517-1518
1519-1520
1522-1523
1526-1527
Iconografie, nr. B 6378-6379

Literatuur

BERENDSEN, A., *Het meubel. van gotiek tot biedermeier*, Hilversum-Antwerpen, 1967.

Bouwen door de eeuwen heen. Inventaris van het cultuurbezit in België. Architectuur. Deel 9 n. Stad Mechelen. Binnenstad, Gent, 1984.

BRECKPOT, M., "Het Hof van Cortenbach te Mechelen, een vergeten bouwwerk van Rombout Keldermans?", in *Handelingen van de Kon. Kring voor Oudheidkunde, Letteren en Kunst van Mechelen*, 1984, p. 159-222.

CLOQUET, L., *Les maisons anciennes en Belgiques*, Gent, 1907.

COLINET E. en LORAN, *Verzameling der overblyfsels onzer nationale kunst der XIde tot XVIIIde eeuw*, Brussel, I, 1872-1873.

CONINCKX, H., "Marguerite d'Autriche commémorée à l'occasion du quatre centième anniversaire de son arrivée à Malines (1507-1907)", in *HKOM*, 1907, p. 103-131.

CONINCKX, J.B., *Cinq siècles d'Architecture Civile à Malines du XIII au XVIIe siècle*, Mechelen, 1938.

DE BOOM, G., *Marguerite d'Autriche-Savoie et la Pré-Renaissance*, Parijs-Brussel, 1935.

De huisvesting in Rubens' tijd, (tentoonstellingscatalogus), Antwerpen, 1977.

DEVLIEGHER, L., "Demeures gothiques de Bruges", in *Bulletin de la Commission royale des monuments et des sites*, 1982, p. 55-74.

Exposition des anciens métiers d'art malinois d'art religieux de la province d'Anvers et de folklore local, Mechelen, 1911.

Gids-catalogus van het museum der Mechelse kunstambachten, Mechelen, 1976.

"Gotisch bouwen in Brabant", in *Openbaar Kunstbezit in Vlaanderen*, 1980, p. 123 e.v.

HARTIG, E., *Flandrische Wohnhaus-Architektur*, Berlijn, 1916.

JANSEN, A., "Het Mechelse goudleer", in *HKOM*, 1909, p. 277-302.

LEURS, S., *Mechelen*, (*Steden en landschappen*, II), s.l., s.d.

Margareta van Oostenrijk (tentoonstellingscatalogus), Mechelen, 1958.

Rijke vorm en bonte kleur in 't Antwerps burgerinterieur omstreeks 1585, (tentoonstellingscatalogus), Antwerpen, 1985.

SLUYTERMAN, K., *Huisraad en binnenhuis in Nederland in vroegere eeuwen*, (fotomechanische herdruk), Den haag, 1975.

STEURS, F., *Het Keizershof en het Hof van Margareta van Oostenrijk te Mechelen*, Mechelen, 1879.

TEMMINCK GROLL, C.L., *Middeleeuwse stenen huizen te Utrecht en hun relatie met die van andere Noordwesteuropese steden*, Den Haag, 1963.

TOURNOY, G., "De tijd van Margareta van Oostenrijk. Een cultuurbeeld", in *HKOM*, 1980, p. 40-60.

VAN CASTER, W., "De gebouwen der rechtbank van eersten aanleg oud hof van Margareta van Oostenrijk te Mechelen", in *HKOM*, 1893, p. 15-35.

VAN DE CASTIJNE, O., *L'architecture privée en Belgique dans les centres urbains aux XVI et XVII siècles*, Brussel, 1934.

VANDEVIVERE, I., en PERIER-d'IETEREN, C., *Belgique renaissante. Architecture, art monumental*, Brussel, 1973.

VAN DOORSLAER, G., "Coup d'œil sur la ville de Malines durant la régence de Marguerite d'Autriche", in *HKOM*, 1907, p. 133-156.

VERMEULEN, F.A.J., *Handboek tot de geschiedenis der Nederlandsche bouwkunst, tweede deel, kentering en renaissance*, Den Haag, 1931.

Onze dank gaat uit naar Mevr. lic. L. Van Langendonck die bereidwillig gevonden werd ons te helpen bij de studie van de stadsrekeningen.

Aantekeningen bij meubilair en huisraad

Stéphane VANDENBERGHE
Adjunct-Conservator Stedelijke Musea - Brugge

Op basis van het iconografisch materiaal, het bewaarde interieur, de meubels of hun fragmenten en allerlei elementen van betimmering en bevloeringen, is het thans mogelijk ons een al dan niet volledig beeld te vormen van de binnenhuisinrichting uit de 1ste helft van de 16de eeuw.

In de periode die ons aanbelangt komt, wat het *meubilair* betreft, niet alleen de laat-gotische stijl voor, maar tevens de Renaissance. Deze kunnen op typologische basis onderverdeeld worden in tafels, zit-, berg- en slaapmeubelen. Zowel bij de gotische als bij de "latere" meubels geldt vooral de lichtere en meer functionele skeletbouw met een geraamte van stijlen en regels. De pen- en gatconstructie, alsmede tandverbindingen en zwaluwstaarten worden algemeen als vergaring of verbinding gebruikt, en het is meestal alleen de voorwand – soms ook de zijwanden – die uit een in het volle eikehout gesneden of gestoken versiering opgesmukt worden.

Aanvankelijk zijn deze ornamenten de typische briefpanelen met geplooid perkament, de leder- of x-versieringen en de zgn. venstervullingen met visblaasmotieven en maaswerk of "fenestrages", als interpretatie van bepaalde elementen uit de architectuur. Bij deze grote verscheidenheid aan meubels ten behoeve van de woonruimte en het huishouden, komt aanvankelijk vrij veel en sterk uitgewerkt ijzeren beslag aan bod. Bij de 16de-eeuwse meubels gaat dit zichtbare beslagwerk meer en meer verdwijnen, en zich hoofdzakelijk beperken tot scharnieren, sleutelplaten en trekkers.

Daar waar meubels in de gotische periode slechts uitzonderlijk beschilderd worden, komt na 1500 soms polychromie voor. Een treffend voorbeeld hiervan is de beroemde wieg van Keizer Karel, die voorzien is van de wapenschilden van Habsburg en Bourgondië, en de lijfspreuk van Maximiliaan van Oostenrijk.

Tafels uit die periode komen uiterst zelden voor. Op basis van enige bewaarde maar soms betwistbare voorbeelden, kunnen deze onderverdeeld worden in schraagtafels en klaptafels. Het eerste type bestaat uit schragen waarop enige planken werden geplaatst. Soms werd dit langwerpig of vierkantig blad beschilderd met wapenschilden, bijbelse of moraliserende onderwerpen. Een meer gecompliceerd type is de klapwangtafel, die rust op twee sleevoeten, en die mogelijks voorzien werd van een lade.

Het zitmeubel is vrij complex, maar hiervan is bijna niets meer tot op heden bewaard. Overeenkomstig de iconografische bronnen, kunnen hierbij volgende hoofdgroepen onderscheiden worden, nl. de banken, de eenpersoonsbankjes, de zetels en de tonstoelen. Met "sitten" werd een troon, en zetel of een zitbank met leuning bedoeld. "Stalle" of "staelen" waren kleine stoeltjes met drie of vier gedraaide poten die onderling met sporten en verticale stijlen verbonden waren. De zetel was een statig meubelstuk, en was in dit geval voorzien van rugleuningen en armleggers. De ton- of "cuypstoelen" werden vervaardigd uit een afgedankte ton, waarvan men de duigen aan één zijde had ingekort.

Het bergmeubilair is uiteraard meer gedifferentieerd. Zo wordt een onderscheid gemaakt tussen het "tresoor" of "tresoer" (thans dressoir), de "cleder cas", de "hangende kleerkasse", de "wantkaste", de "broedkaste", de "spinde" die soms in de wand werd verwerkt en de zgn. "kiste". Zoals o.a. blijkt uit het aantal bewaarde meubels uit de 15de en 16de eeuw, waren de bergmeubels tamelijk zeldzaam in het interieur van de gewone man, zodat muurnissen met enkele planken soms dienst deden als bergplaats. De koffers op poten werden vooral aan de voorzijde voorzien van dunne panelen die versierd waren met het bekende laat-gotische repertorium van spitsbogen, bloemmotieven, de Bourgondische vuurslag, het bandwerk in x-vorm en de typische briefpanelen. Tijdens de 16de eeuw stellen de panelen van niet alleen kisten, maar ook van andere bergmeubels mannen- en vrouwenbustes in medaillons voor, alsmede arabesken, bloemenvazen en allerlei florale motieven. Zeker wat de eerste helft dezer eeuw betreft, bezitten deze bergmeubels de kenmerken van de twee stijlen, zodat men dan ook terecht spreekt van de Gotico Renaissance. Met de koetsen of bedsteden wordt het

Cat. nr. 220

slaapmeubilair bedoeld uit dezelfde periode, dat gemaakt werd uit een houten bak waarboven een "hemel" werd aangebracht, opgehangen aan touwen of koorden. Meer uitgewerkte alkoven hadden houten wanden, die achteraf opgesmukt werden met veelkleurige stoffen.

Ander meubilair dat bijna hoofdzakelijk via archiefteksten en boedelbeschrijvingen gekend is laten wij hier onbesproken. Het betreft o.a. linnenpersen, "kannenstocken" om allerhande drinkgerei op te hangen en de "reckedweel" of het handdoekrek. Bepaalde van deze zuiver functionele meubels werden tijdens de Renaissance en de daarop volgende barok verder vervaardigd en hierbij werden nieuwe decoratiemotieven gebruikt, zoals grotesken, mannen- en vrouwenhoofden in bijna rondsculptuur, balustervormige makelaars, enz. Via de modelboeken van Hans en Paul Vredeman de Vries deden allerhande berg- en zitmeubels hun intrede, waarbij kandelaberzuilen, obelisken, moresken, schelpen, enz. als ornament werden gebruikt. Van deze tafel-, stoel- en banktypes is thans vrijwel het meeste verdwenen. Het overgrote thans nog bewaarde meubilair uit de laat-gotische en Renaissanceperiode, behelst hoofdzakelijk bergmeubelen. In tegenstelling tot de soms betwistbare exemplaren uit de kunsthandel, of de ingrijpend gerestaureerde of gereconstrueerde meubels in vele musea, zijn de twee- of vierdeurskasten in vrijwel alle kloosters of hospitalen betrouwbaar wat de authenticiteit betreft. Vele dezer meubels ondergingen slechts kleine wijzigingen ten gevolge van hun jarenlange gebruik, en geven ons thans nog een vrij goed beeld van wat generaties lang tot het interieur behoorde.

In vele gevallen vindt men bij deze 16de-eeuwse tweeverdiepingskasten met meerdere traveeën vooraan de typische renaissanceornamenten terug, daar waar de zijwanden onversierd bleven of alleen van briefpanelen voorzien waren. Een eenvoudiger meubeltype is de zgn. "spinde", die tijdens de 17de en de daaropvolgende eeuw nog verder zal ontwikkelen. Deze kasten – dikwijls begijnenkasten genoemd – hebben bovenaan steeds opengewerkte deuren ter verluchting van allerlei eetwaren. Soms is dit meubel volledig muur- of nagelvast, en bestaat het alleen uit het bovenste element. Met dressoor of buffet bedoelt men een koffer of een kist met een verhoogd onderstel, die soms overhuifd werd met een baldakijn. Deze meestal beschilderde aanrechtmeubels waren voorzien van textiel, waarop kostbare voorwerpen in aardewerk of metaal werden geplaatst.

Al deze reeds vermelde tafels, stoelen, banken, koffers, kasten, alkoven hadden hun welbepaalde plaats in de verschillende daartoe bestemde woonvertrekken. De *vloeren* waarop dit meubilair stond werden vervaardigd uit gebakken tegels, natuursteen en hout. Algemeen in gebruik was de vloer in egale rode ongeglazuurde tegels. Soms werden zwarte of grijze tegels te samen verwerkt, zodat een decoratief motief ontstond. In de kelders waren meestal platte, maar ook soms op hun kant gelegde bakstenen gemetseld. Het feit dat deze vrij dikke tegels in lager gelegen vertrekken werden gebruikt, houdt ongetwijfeld verband met de vochtigheid van de woningen. Naast deze vrij goedkope en banale tegelvloeren, werden ook duurzame materialen verwerkt. Zo betegelde men de kamers eertijds met vierkantige, rechthoekige,

Cat. nr. 161

of veelzijdige natuurstenen tegels, dikwijls in geometrisch verband gelegd. In rijkere woningen kon men veelkleurige of polychrome vloertegels in Spaans aardewerk of Antwerpse majolica aantreffen. Wat deze uit het Iberisch schiereiland geïmporteerde 16de-eeuwse cuenca-tegels in cuerda-seca of drogekoordtechniek betreft, wijzen wij terloops op een belangrijke vondst in het Mechelse. In 1938 immers werden dergelijke vroeg-zestiende-eeuwse en uit Toledo ingevoerde tegels gevonden in het stijlvolle paleis van Hieronymus Busleyden, en wel degelijk in het thans nog bewaarde kamertje uit hetzelfde tijdvak, waarin zich de muurschildering "Het festijn van Balthasar" van omstreeks 1515 bevindt. In Antwerpen gebakken tegels in majolica werden in Mechelen eveneens in rijkere burgerswoningen gebruikt, zoals o.a. blijkt uit recente archeologische vondsten. Op de verdiepingen wendde men in de 16de eeuw veel hout als bevloering aan, waarbij de houten planken onmiddellijk op de roostering of de kinderbalken werden gelegd.

Al wordt beweerd dat het in de middeleeuwen en later aan tafel niet de gewoonte was met mes en vork maar met de handen te eten, zijn ons voldoende iconografische gegevens bekend, waardoor wij ons thans een goed idee kunnen vormen van het *bestek* uit deze periode. Het snijdend en functioneel voorwerp dat het mes is, was lange tijd uitsluitend zuiver persoonlijk bezit. Op basis van de vorm en de functie kunnen messen onderverdeeld worden in tafel-, keuken-, scheer-, chirurgijns-, gevechtsmessen en dolken, alsmede messen die gebruikt werden door de verschillende ambachten. Met uitzondering van de zuiver functionele en bovendien meestal totaal onversierde messen, waren de exemplaren die op tafel van de gegoede burgerij voorkwamen zeker voor een groot deel geornamenteerd. In vorstelijke middens of in de hogere standen, werden messen gebruikt die niet verder besproken werden. Het betreft namelijk het voorsnijmes met haken en punten om de verschillende spijzen op te prikken, en het zgn. presenteermes of de "présentoir". Deze beide objecten werden al dan niet gebruikt door een welbepaald persoon of "voorsnijder", en dit meestal te samen met een tweetandige vork. Kunsthistorisch beschouwd is het heft van het mes uiteraard het belangrijkste element, vermits het aanleiding gaf tot zeer kunstzinnige verwezenlijkingen. Tijdens de middeleeuwen en later werden wortelhoutsoorten, geelkoper, hertshoorn, tin en ivoor verwerkt in de handvatten, en vanaf de renaissance met verschillende materialen gecombineerd. Het algemeen gebruik van de eetvork is van vrij recente datum, en wanneer deze in archivalia vermeld worden, betreft het vrijwel steeds uitzonderingen. Het duurde vrij lang vooraleer de vork met slechts twee tanden haar intrede deed bij het gewone volk. Zij diende immers hoofdzakelijk om warme gerechten uit de schaal te nemen of op te prikken. Wat onze streken aangaat, is de vork tijdens de Renaissance via Italië meegebracht, en ten tijde van keizer Karel V was deze nog vrij zeldzaam. Zij waren dan ook als het ware echte kunststukjes uit zilver die, versierd met figuurtjes en wapenschilden van de eigenaars en de gebruikers, getuigen van hoge artistieke kwaliteit.

De lepel is het minst agressieve eetgerei dat het kind als eerste gebruiksvoorwerp in de handen wordt gegeven. Over het algemeen bestaat de lepel uit een spatelvormige of ronde lepelbak met een knopvormig uiteinde. Naast de lange lepels komen ook exemplaren voor met een kortere steel, die men doorgaans vuistlepels noemt. De geel- of roodkoperen lepels met platte, zes- of achtkantige steel, hadden een bak van dezelfde vorm, en werden voorzien van het merk van de maker, zoals ook het geval zou zijn met de latere tinnen en zilveren lepels. Het kostbaarste uiteraard waren de lepels in ivoor, uitzonderlijke steensoorten en zilver, die bestemd waren voor de gegoede rijkere burgerij.

Het *eet- en kookgerei* dat voornamelijk in de eerste decennia der 16de eeuw werd gebruikt, was hoofdzakelijk vervaardigd in aardewerk, hout, glas en metaal. In Vlaanderen was dit het geval met rood oxyderend gebakken tafel-, kook- en schenkgerei van meestal lokale makelij, overtrokken met loodglazuur. Vooral Rijnlandse pottenbakkerscentra produceerden op bijna industriële wijze kruiken en bekers, die versierd waren met ingestempelde matrijzen en achteraf met zoutglazuur bedekt werden. Het polychrome en luxueuze plateelwerk of majolica, werd aanvankelijk vanaf de 14de en 15de eeuw uit de Spaanse regio in Vlaanderen geïmporteerd.

In de 16de eeuw leverden Antwerpse en Noord-Nederlandse ateliers eveneens met lood- of tinglazuur overtrokken objecten, en dit in navolging van de in Italië gefabriceerde majolica. De voorwerpen die in Antwerpen op de draaischijf werden gemaakt, behelzen voornamelijk borden, papkommen, apothekerspotten, strooppotten en tegeltableaus.

Eertijds was vooral groen glaswerk in de mode, waarbij niet alleen zuiver functionele, maar ook zekere artistieke vormgeving niet uit het oog mag verloren worden. Waalse en Rijnlandse glasateliers vervaardigden allerhande drinkbekertypes, zoals de maigelein of lage beker met braamnoppen, de Krautstrunk of koolstronkje, de berkemeier of noppenglas waaruit zich in de 17de eeuw de roemer zou ontwikkelen. Alhoewel men in deze periode Venetiaans glas in onze gewesten importeerde, werd dit in Antwerpen eveneens op uitmuntende wijze gekopieerd. In de Scheldestad immers, richtte een zekere Lucas van Helmont in 1537 een glasblazerij op die tafelvoorwerpen vervaardigde in zgn. "waldglas". Tijdens het derde kwart der 16de eeuw startte Jacomo Pasquetti uit Italië een glasblazerij, die werkte "à la façon de Venise". Deze stijl, waarbij allerlei vormen uit Italië werden overgenomen, genoot een bijzondere bijval in onze stedelijke centra, zoals duidelijk blijkt uit niet alleen de in de musea bewaarde voorwerpen,

Cat. nr. 171

maar ook het vrij betrouwbare recent opgegraven glasmateriaal uit diverse stadsarcheologische sites in Vlaanderen.

In het interieur van weleer hadden de meest diverse gebruiks- en siervoorwerpen hun welbepaalde functie en plaats. De lavabo of het hangend watervat is een geelkoperen pot met aan weerszijden een sierlijke giettuit. Door middel van een ketting werd deze ketel in de muurnis opgehangen, zodat het geheel als het ware een fonteintje vormde. Alhoewel deze lavabo's in de "piscine" in de kerk of een ander bedehuis werden gebracht, kon men deze sierlijke recipiënten eveneens in het burgerinterieur aantreffen. Ze werden hoofdzakelijk in messing of in geelkoper, maar ook in tin, rood aardewerk en steengoed vervaardigd, zoals blijkt uit de bewaarde exemplaren van Vlaamse en Rijnlandse herkomst. Het was gebruikelijk onder deze hangende watervaten eveneens een ronde en vrij afgeplatte metalen wasbak of -bekken te zetten. Zo werd het "lavenbecken", "wasbecken" of "loegenbecken" door de plaatselijke koperslagers gemaakt in de Maasvallei (Dinant, Bouvignes), Zuid-Duitsland (Nürnberg), en de streek van Aken. Zij waren zowel totaal onversierd, als gedecoreerd met allerlei voorstellingen van Adam en Eva, heiligenfiguren, roterende godrons, florale decors en wapenschilden. Vrij zeldzaam zijn de slanke en hoge geelkoperen schenkkannen die, voorzien van sierlijke deksels, schenktuiten en handvatten, op schilderijen dikwijls te samen met bekkens werden weergegeven. Een uitzonderlijk "watervat" werd eertijds in Brugge opgegraven, en bevindt zich thans in het Museum Boymans van Beuningen te Rotterdam. Deze uitzonderlijke gefacetteerde gegoten 15de-eeuwse kan met een zeskantig gewelfd deksel waarop een zittend leeuwtje voorkomt, is op de bodem ingestempeld met het wapen van Mechelen. In de 15de en 16de eeuw, komen ook schenkkannen voor met een slanke S-vormige buik, een gebogen oor en een giettuit in de vorm van een leeuw. Van gelijkaardige vorm zijn de tinnen gilde-, stads- of presentkannen, die het werk waren van de plaatselijke tingieters, maar meestal voor officiële plechtigheden bestemd waren.

Het pronkgerei in zilver van de Renaissance sloot qua vorm aanvankelijk nog aan bij de rijke laatgotische traditie, maar werd meer en meer verscheiden zoals verder zal blijken. Allerlei nieuwe types zagen het licht, waarvan de Antwerpse edelsmeden de grootste producenten werden. Andere centra bleven actief zoals Luik, Bergen, Doornik, Brugge, Gent, Leuven, Mechelen en Brussel, maar de Scheldestad gaf toch de toon aan. Het profane zilver uit deze periode was volledig of voor een groot gedeelte verguld, en werd soms zelfs opgesmukt met polychroom email of edelsteentjes. De "coppetasse" of tazza, waarvan er slechts enige zeldzame exemplaren overbleven, is een vergulde en volledig gehamerde en bovendien gedreven drinkschaal op hoge voet. Het was a.h.w. een pronkstuk op de tafels van rijke lieden tussen andere kostbaarheden, en het geschenk bij uitstek van de stadsmagistraten als dank voor bewezen diensten. Deze drink- of sierschalen werden ook vervaardigd in Limoges in émail-peint, zoals blijkt uit de over de ganse wereld bewaarde voorbeelden van P. Reymond, Courteys en andere emailschilders. Anderzijds kwamen er vrij gewone cilindrische bekers met standring op tafel, waarvan het lichaam opgesmukt werd met sierlijk graveerwerk. Sedert 1492 maakten de grote ontdekkingsreizen de invoer van allerlei exotische produkten mogelijk, zoals o.a. de kokosnoot en meerdere grote en sierlijke zoutwaterschelpen. Vanaf 1540 vinden wij bewerkte kokosnootbekers of pronkerige en buitenissige exemplaren, alsook verguld-zilveren gemonteerde schelpbekers.

Geheel of gedeeltelijk in zilver, fabriceerden de edelsmeden tevens zoömorfe drinkbekers met afneembare kop of hals. Deze schattige hane-, valken-, herten-, leeuwen- en uilenbekers zijn van Antwerpse, Gentse en Mechelse makelij, en getuigen tesamen met de Noord-Nederlandse, Nürnbergse en Augsburgse exemplaren uit dezelfde periode van hoge en uitmuntende artistieke kwaliteit. Uilenbekers werden ook, maar dit in mindere mate, vervaardigd in lokaal rood aardewerk met veelkleurig slibdecor, majolica en Rijnlands steengoed met zoutglazuur. Vroeg 16de-eeuwse zilveren schenkkannen met bijhorende bekken zijn vrij zeldzaam. In de National Art Fund te Londen bewaart men een Brugse schenkkan en een daarbij horend groot bekken uit 1550, waarvan het plat voorzien is van een geëmailleerd wapen van de familie Mostijn uit Wales. Hieruit is onmiddellijk op te maken dat belangrijk en op bestelling gemaakt zilverwerk van Zuid-Nederlandse herkomst ook in andere landen gretig werd afgenomen.

Cat. nr. 179

Bibliografie

APPUHN, H., "Mittelalterliche Truhen in Kloster Ebstorf", in *Jahrbuch des Museums für Kunst und Gewerbe Hamburg*, Band 3, 1984, p. 49-62, 15 Abb.

BERENDSEN, A., *Het meubel van gothiek tot Biedermeier*, Utrecht, 1940, XLIV p., 246 afb.

CASIER, J. & BERGMANS, P., *L'art ancien dans les Flandres (région de l'Escaut).* Mémorial de l'exposition rétrospective organisée à Gand en 1913, t. 1, Bruxelles & Paris, 1914, 122 p., CV pl.

DE BORCHGRAVE D'ALTENA, J., "Notes au sujet des intérieurs et des meubles gothiques de chez nous", in *Bulletin des musées royaux d'art et d'histoire*, 1950.

DERVEAUX-VAN USSEL, G., *Museumgids. Meubelen 1. Gotiek, Renaissance, Barok*, Brussel, KMKG, 1981, 47 p., 33 afb.

DAENENS, L., "Meubelkunst in Gent", in *Gent, duizend jaar kunst en cultuur*, Gent, 1975, t. III, p. 443-500.

DAENENS, L., *Gotische meubels, meubelfragmenten en textiel uit eigen verzamelingen*, Gent, Museum voor Sierkunst, 1972, 63 p., ill.

DEVLIEGHER, L., *Damme*, Tielt/Utrecht, 1971, 196 p., 356 afb. (= *Kunstpatrimonium van West-Vlaanderen*, deel 5).

EAMES, P., *Furniture in England, France and the Netherlands from the twelfth to the fifteenth century*, London, 1977, XXIV-303 p., 72 pl.

FABRI, R., *Museumgids. Meubelen 2. Kunstkasten*, Brussel, KMKG, 1983, 14 p., 35 afb.

LEMAIRE, R., *Beknopte geschiedenis van de meubelkunst*, Antwerpen, 1945[3], 195 p., 151 afb.

LOBELLE-CALUWE, H., *Memlingmuseum. Brugge. Sint-Janshospitaal*, Fribourg, 1985, 126 p., ill.

LUNSINGH SCHEURLEER, Th. H., *Catalogus van de meubelen en betimmeringen*, Amsterdam, Rijksmuseum, 1952, 374 p., 89 afb.

MAFFEI, E., *Le mobilier civil en Belgique au moyen âge*, Namur, s.d., 57 p., 29 figs.

Monographie du Musée de Cluny. Epoques: Gothique, Renaissance, Louis XIII à Louis XVI, Paris, s.d., 149 pl.

SLUYTERMAN, K., *Huisraad en binnenhuis in Nederland in vroegere eeuwen*, 's Gravenhage, 1975 (anasthatische herdruk), 355 p., ill.

VANDENBERGHE, St., *Gruuthusemuseum Brugge. Een overzicht*, Genève, 1984, 119 p., ill.

VANDENBERGHE, St., "De timmerlieden en de schrijnwerkers en hun voortbrengselen (14de-18de eeuw)", in *De Brugse schoenmakers en timmerlieden. De ambachten en hun huizen 14de-20ste eeuw*, Brugge, 1985, 64 p., ill.

WEYNS, J., *Volkshuisraad in Vlaanderen*, Beerzel-Antwerpen, 1974, 4 delen, 1730 p., 645 tek. en 366 foto's.

Tentoonstellingscatalogi

Rijke vorm en bonte kleur in 't Antwerps burgerinterieur omstreeks 1585, Antwerpen, Jordaenshuis, 1985, 81 p.

Schatten op tafel, Brussel, Passage 44, 1984, 267 p.

De gedekte tafel vroeger en nu, Deurne/Antwerpen, Het Sterckshof, 1964, 140 p., 75 afb.

Thuis in de late middeleeuwen. Het Nederlands burgerinterieur 1400-1535, Zwolle. Overijssels Museum, 1980, 203 p.

Beschrijvende catalogus

AFDELING STEDELIJK MUSEUM
HOF VAN BUSLEYDEN

”DE DYNASTIE”

* De chronologie verwijst naar de historische personages en niet naar het ontstaan van de kunstwerken.

KUNSTWERKEN

1

DE BOYS, A.

DUBBELPORTRET VAN KEIZER FREDERIK III EN ELEONORA VAN PORTUGAL

Voorstelling van de ouders van keizer Maximiliaan I, als halffiguren zittend.
Keizer Frederik III draagt om de schouders een gouden ketting, versierd met griffioenen en met lelies gevulde vazen met twee handvatten. Dit is de ketting van de Aragonese Onze-Lieve-Vrouwe- of Kannenorde, die in 1412 werd gesticht door Ferdinand, koning van Aragon.
Het gaat hier om een kopie naar een verdwenen origineel.

2de helft 16de eeuw, doek, 114 × 100 cm

Lit.: Cat. tent. *Maximilian*, Innsbruck, 1969, nr. 5

Innsbruck, Stift Wilten

2

DÜRER, Albrecht

DE WAPENS VAN MAXIMILIAAN I ALS ROOMS KONING

Onder de Romeinse koningskroon bevindt zich het koninklijk schild met de éénkoppige witte adelaar. Daaronder links het wapen van het aartshertogdom Oostenrijk, in het midden het wapen van het koninkrijk Hongarije en rechts het hertogdom Bourgondië. Onderaan ten slotte het wapenschild van het graafschap Tirol.
De wapens worden omsloten door de ketting van de Orde van het Gulden Vlies, waarvan Maximiliaan soeverein was geworden na de dood van Maria van Bourgondië.

1500-1502, houtsnede

Lit.: Cat. tent. *Maximilian*, Innsbruck, 1969, nr. 102

Wien, Graphische Sammlung Albertina, inv. nr. 1934/531

3

RUBENS, Pieter Paul - Atelier (CORNELIS DE VOS)

KEIZER MAXIMILIAAN I

Maximiliaan houdt in de linkerhand de rijksappel en een zwaard; de vooruitgeheven rechterhand omvat de gouden scepter. Onder zijn met hermelijn gevoerde mantel van brokaat is de ketting van de Orde van het Gulden Vlies zichtbaar.
De keizer draagt de met edelstenen versierde kroon van het Habsburgse Huis, die in werkelijkheid bovenaan een bol met een kruis bevatte i.p.v. de hier afgebeelde grote parel. Het schilderij maakte deel uit van de feestdecoratie voor de intrede te Antwerpen van de kardinaalinfant Ferdinand, broer van koning Filips IV van Spanje. De opstelling in zijn geheel stelde de geschiedenis voor van de Habsburgse heerschappij over de Nederlanden.

1635, doek, 229 × 146 cm

Lit.: Cat. tent. *Maximilian*, Innsbruck, 1969,nr. 593

Wien, Gemäldegalerie der Akademie der bildenden Künste, inv. nr. 775

4

NEDERLANDS MEESTER

MARIA VAN BOURGONDIE

Dochter van Karel de Stoute en zijn tweede echtgenote Isabella van Bourbon. Na de dood van haar vader op het slagveld van Nancy in 1477 werd zij erfgename van Bourgondië en de daarbij behorende Nederlanden. Onmiddellijk oefende de Franse koning Lodewijk XI druk uit op Maria om te huwen met zijn toen zevenjarige zoon Karel. Nog voor zijn dood echter had Karel de Stoute contacten gelegd met Frederik III inzake een huwelijk tussen zijn dochter en diens zoon Maximiliaan. Maria nam uiteindelijk zelf het initiatief en trouwde in 1477 met Maximiliaan. Aan hun idyllisch huwelijk kwam abrupt een einde toen Maria stierf door een val van haar paard tijdens een jachtpartij. Bovenaan rechts is het volgende opschrift aangebracht: "MAR.CAR.BURG./DUCIS. F. ET HAER/MAX.I CAES CONIV/I."

ca 1480-90, eikehout, 42,5 × 33,3 cm

Lit.: Cat. tent. *Maximilian*, Innsbruck, 1969, nr. 33

Graz, Landesmuseum Joanneum, Alte Galerie, inv. nr. 53

5

STRIGEL, Bernhard

MAXIMILIAAN I IN VRIJETIJDSKLEDING

Zoon van keizer Frederik III en Eleonora van Portugal.
In 1477 trouwde hij met de rijkste erfgename van Europa, Maria van Bourgondië. Na haar dood in 1482 moest hij voortdurend het Bourgondische erfgoed verdedigen tegen de Franse aanspraken en de opstandige Nederlanden. Bij de dood van zijn vader werd Maximiliaan keizer van het Rooms-Duitse Rijk. In 1494 hertrouwt hij met Bianca Maria Sforza.
Zijn vele mislukkingen in oorlog en politiek werden vooral veroorzaakt door het voortdurend geldgebrek en het onbeheerst karakter van deze "laatste ridder".

Toch was de regering van Maximiliaan van grote culturele betekenis door zijn belangstelling voor het humanisme.
Dit portret van Maximiliaan met wijde mandel en baret is gemaakt naar de voorstudie die Strigel ook gebruikte voor een portret van de keizer in koningsornaat. Alleen het teken van de Orde van het Gulden Vlies, dat Maximiliaan hier draagt, kenmerkt hem als heerser.

ca 1510, paneel, 38,5 × 26 cm

Lit.: Cat. tent. *Maximilian*, Innsbruck, 1969, nr. 593

Innsbruck, Tiroler Landesmuseum Ferdinandeum

6

ANONIEM

HUWELIJK VAN MAXIMILIAAN I MET MARIA VAN BOURGONDIE

De tekening beeldt het titelblad uit van een anoniem bericht aan de Doge van Venetië, handelend over de gebeurtenissen in Bourgondië na de dood van Karel de Stoute.

1479, perkament, 7 blz.

Lit.: Cat. tent. *Maximilian*, Innsbruck, 1969, nr. 42

Wien, Haus- Hof und Staatsarchiv

7

ANONIEM

BEGROETING VAN MAXIMILIAAN ALS NIEUWE HERTOG VAN BOURGONDIE

In de Latijnse tekst wordt Maximiliaan begroet als nieuwe hertog van Bourgondië en tevens wordt hij gelukgewenst met zijn huwelijk.
Deze wiegedruk ontstond te Leuven bij drukker Johannes van Westfalen.

1477, papier, 19 × 23 cm

Lit.: Cat. tent. *Maximilian*, Innsbruck, 1969, nr. 50

Wien, Österreichische Nationalbibliothek, Handschriften- und Inkunabelsammlung, inv. nr. Ink. 1.G.46

8

COUSTAIN, Pierre (Omgeving van)

AARTSHERTOG MAXIMILIAAN RIJDT LUXEMBURG BINNEN IN HARNAS

Kopie naar het verloren gegaan origineel werk van Pierre Coustain.

1480, doek, 60 × 49 cm

Lit.: Cat. tent. *Maximilian*, Innsbruck, 1969, nr. 57

Wien, Kunsthistorisches Museum, inv. nr. 2374

9

VAN AMSTERDAM, Jacob Cornelisz

MARIA VAN BOURGONDIE, MAXIMILIAAN I, FILIPS DE SCHONE EN KAREL V

Boven de hoofden van de vorsten staan hun wapens afgebeeld. Bij Maximiliaan en Karel bevinden zich ook hun respectievelijke wapenspreuken: "HALT MAES" en "PLUS OUTRE".
De houtsnede behoort tot de serie "Graven en gravinnen van Holland", die in 1518 in Amsterdam werd uitgegeven.

1518, houtsnede

Lit.: Cat. tent. *Maximilian*, Innsbruck, 1969, nr. 208

Wien, Graphische Sammlung Albertina, inv. nr. 1949/510

10

BURGKMAIR, Hans

MAXIMILIAAN I ALS KEIZER TE PAARD IN EEN RENAISSANCE ZUILENHAL

Maximiliaan zit in volledige uitrusting op een zwaar geharnast paard. Hij draagt de ketting van het Gulden Vlies en de pauweveren van het Aartshertogdom Oostenrijk als helmsieraad. Tussen de twee voorste zuilen hangt een wapenschild met de keizerlijke dubbele adelaar. Bovenaan in het midden lezen we het opschrift: "IMP.CAES.MAXIMIL.AUG". De datering werd gewijzigd van 1508 naar 1518. Over de 0 werd een dikke streep getrokken.

1508, gekleurde houtsnede, 32,3 × 22,7 cm

Lit.: Cat. tent. *Maximilian*, Innsbruck, 1969, nr. 184

Wien, Graphische Sammlung Albertina, inv. nr. 134/66

11

BURGKMAIR, Hans

RUITERSTANDBEELD VOOR KEIZER MAXIMILIAAN I (ontwerp)

In 1509 werd de ruw bewerkte steen opgesteld, die Gregar Erhart zou bewerken volgens dit ontwerp. Het standbeeld werd nooit voltooid.

ca 1509, facsimile, pentekening, 43,1 × 28,4 cm

Lit.: Cat. tent. *Maximilian*, Innsbruck, 1969, nr. 576

Wien, Graphische Sammlung Albertina, inv. nr. 22.447

12

DÜRER, Albrecht

PORTRET VAN MAXIMILIAAN I

Deze tekening kwam op 28 juni 1518 tot stand tijdens

de Rijksdag te Augsburg. Zij diende als model voor verschillende schilderijen en houtsneden. Het tekstje bovenaan rechts is van de hand van Dürer, het monogram niet.

1518, facsimile, houtskool, 38,1 × 31,9 cm

Lit.: Cat. tent. *Maximilian*, Innsbruck, 1969, nr. 256

Wien, Graphische Sammlung Albertina, inv. nr. 4852

13

DÜRER, Albrecht

KEIZER MAXIMILIAAN I

De tekening die Dürer van Maximiliaan maakte tijdens de Rijksdag in Augsburg diende als model voor deze houtsnede. In de opschriftrol staat: "Imperator Caesar Diuus Maximilianus/Pius Felix Augustus".

na 1519, houtsnede

Lit.: Cat. tent. *Maximilian*, Innsbruck, 1969, nr. 257

Wien, Graphische Sammlung Albertina, inv. nr. 1934/485

14

VON SCHWIND, M.

MAXIMILIAAN OP DE SINT-MAARTENSWAND

Het thema dat von Schwind uitbeeldde betreft de wonderbaarlijke redding van Maximiliaan. De keizer was tijdens een gemzenjacht op de Sint-Maartenswand (ten noorden van Innsbruck) te hoog geklommen en verdwaald. Volgens de legende werd hij door een engel in de gedaante van een jager (berggids?) bevrijd.

± 1840, paneel, 59,5 × 43,5 cm

Lit.: Cat. tent. *Maximilian*, Innsbruck, 1969, nr. 281

Wien, Österreichische Galerie im Belvedere, inv. nr. 2125

15

DÜRER, Albrecht

DE HOFBURCHT VAN MAXIMILIAAN I IN INNSBRUCK

Maximiliaan nam van zijn voorganger Aartshertog Sigmund van Tirol een complex van bouwwerken over, dat hij in de loop van zijn leven door aankopen vergrootte en tot een omvangrijke Hofburcht liet uitbouwen. Spijtig genoeg zijn sedert de verbouwing van de Hofburcht onder Keizerin Maria-Theresia (1755-1770) slechts geringe resten van de oude burcht van Maximiliaan herkenbaar.

ca 1495, facsimile, aquarel, 35,5 × 26,7 cm

Lit.: Cat. tent. *Maximilian*, Innsbruck, 1969, nr. 568

Wien, Graphische Sammlung Albertina

16

RESCH, Wolfgang

KEIZER MAXIMILIAAN I

Dit borstbeeld met profiel naar links in een medaillon wordt door een opschrift omsloten. Onderaan bevindt zich de tekst: "Du hattest wenig Ru in disem Lebenn/Darumb dir got yetzt ewig freudt hat geben" (Je had weinig rust in dit leven, daarom heeft God je nu eeuwige vreugde gegeven). Daaronder staat het monogram "W.R.F." (Wolfgang Resch Formschneider). De houtsnede van Resch verscheen voor het eerst, maar dan zonder vers en monogram, op het titelblad van Jacob Mennel: "Seel und Heiligenbuch Kaizer Maximilians Altfordern..." (1522)

na 1519, houtsnede
Lit.: Cat. tent. *Maximilian*, Innsbruck, 1969, nr. 264

Wien, Graphische Sammlung Albertina, inv. nr. 1965/23

17

BURGKMAIR, Hans

DRIE ILLUSTRATIES BIJ DE "WEISZKUNIG"

De "Weiszkunig" is een door Maximiliaan I bedachte autobiografie waarvan de tekst voor het grootste deel afkomstig is van de geheimschrijver van de keizer, Marx Treitzsaurwein. Het werk vatte ca 1505 aan en werd ca 1516 onvoltooid afgesloten. Pas in 1775 verscheen de eerste uitgave.
Bij de tekst horen 251 houtsneden ter illustratie, overwegend van Hans Burgkmair en Leonard Beck. Drie ervan zijn op de tentoonstelling te bewonderen.

a) 1. "DE OUDE WEISZKUNIG (Keizer Frederik III) GROET DE JONGE WEISZKUNIG" (Maximiliaan I), ca 1515, houtsnede, 22,1 × 19,7 cm (Inv. nr. 6538)

b) 2. "DE OUDE EN DE JONGE WEISZKUNIG IN GESPREK", ca 1515, houtsnede, 20 × 19,6 cm (Inv. nr. 6539)

c) 3. "DE OUDE WEISZKUNIG OP ZIJN ZIEKENBED", ca 1515, houtsnede, 20 × 19,5 cm (Inv. nr. 6537)

Lit.: Cat. *Niederösterreichisches Landesmuseum*, Wien, 1970, nr. 49

Wien, Niederösterreichisches Landesmuseum

18

ANONIEM

DODENPORTRET VAN KEIZER MAXIMILIAAN I

Het betreft een vrije kopie van het originele dodenportret van een eveneens anoniem kunstenaar.
Het werk bevat de tekst: "UND IST GESTORBN

MIT JEDERMANS BETRIEBNUS ALS ER GELEBT 68 JAR 9 MONAT UND 19 TAF BIS AUFN. 12 JENER AO 1519".
In uitvoering van het merkwaardige testament van Maximiliaan werd zijn lichaam na zijn dood geheel geschoren en werden al zijn tanden getrokken.

2de helft 16de eeuw, paneel, 45 × 33 cm

Lit.: Cat. tent. *Maximilian*, Innsbruck, 1969, nr. 260

Innsbruck, Tiroler Landesmuseum Ferdinandeum

19

VAN ORLEY, Barend (Omgeving van)

MARGARETA VAN OOSTENRIJK

Geboren in 1480 als dochter van Keizer Maximiliaan en Maria van Bourgondië. Op 2-jarige leeftijd werd zij als verloofde van de Franse kroonprins, Karel VIII, naar Frankrijk gestuurd. In 1491 trad Karel echter om politieke redenen in het huwelijk met Anna van Bretagne en het Habsburgse prinsesje werd teruggestuurd naar Mechelen.
In 1497 werd Margareta uitgehuwelijkt aan de Spaanse troonopvolger, Juan van Castilië. Helaas werd deze vijf maand later ziek en stierf.
Margareta gaat een derde echtverbintenis aan, in 1501, met hertog Philibert van Savoye, "de meest verleidelijke ridder van de Christenheid", zoals hij door tijdgenoten werd genoemd. Aan hun sprookjeshuwelijk kwam echter al in 1504 een tragisch einde, toen Philibert overleed door het drinken van ijskoud water na een jachtpartij. Overmand door verdriet en na een zelfmoordpoging besloot Margareta nooit meer te trouwen.
In 1506 sterft plots Margareta's broer Filips. Daar zijn zoon Karel pas 6 jaar is, wordt Margareta aangesteld als regentes der Nederlanden. Zij vestigde zich te Mechelen en regeerde met veel tact en zelfstandigheid, steeds geleid door de belangen van het Habsburgse vorstenhuis. Haar regering was een periode van rust en culturele welvaart voor de Zuidelijke Nederlanden.

Begin 16de eeuw, paneel, 37,5 × 27,5 cm

Lit.: Cat. *Festival van Vlaanderen*, Mechelen, 1980, nr. 5
Cat. tent. *500 Jaar Grote Raad*, Mechelen, 1973, nr. 380

Ieper, Stedelijk Museum

20

ANONIEM

PORTRET VAN MARGARETA VAN OOSTENRIJK

Links van de voorgestelde figuur haar wapens, waarboven een hertogelijke kroon. Ring aan linker wijsvinger, hermelijn aan de mouwen.

s.d., paneel, 34 × 24 cm

Lit.: Cat. tent. *Margareta van Oostenrijk en haar Hof*, Mechelen, 1958, nr. 70

Antwerpen, Koninklijk Museum voor Schone Kunsten, inv. nr. 184

21

VAN ORLEY, Barend (Omgeving van)

MARGARETA VAN OOSTENRIJK ALS H. MAGDALENA

Margareta draagt een damasten kleed met brede, vierkantige uitsnijding, afgezet met donker fluweel. Hierin een chemisette uit wit, fijn linnen met geborduurde strook rond de hals. Zij draagt een paarlen halssnoer en een juweel. Onder de rijkbezette kap vallen de lange, blonde lokken op de schouders. Op de achtergrond een landschap met brede horizon; treffend is de jonge, glimlachende blik, in tegenstelling tot de traditioneel gekende portretten. Ook op enkele andere religieuze schilderijen vindt men het portret van Margareta van Oostenrijk weer. Hier staat ze dan ook afgebeeld met de attributen van de H. Magdalena.

s.d., paneel, 36 × 24 cm

Lit.: Cat. tent. *Margareta van Oostenrijk en haar Hof*, Mechelen, 1958, nr. 71

München, Bayerische Staatsgemäldesammlungen, Alte Pinakothek, inv. nr. 1133/723

Cat. nr. 21

22

DE JODE, Pieter

MARGARETA VAN OOSTENRIJK

De Jode (geb. 1648) was rond 1667 werkzaam in Amsterdam.

s.d., kopersnede, 35,5 × 22,5 cm

Lit.: Cat. *Festival van Vlaanderen*, Mechelen, 1980, nr. 48

Antwerpen, Stedelijk Prentenkabinet

23

DE CLERCK, Nicolaas

MARGARETA VAN OOSTENRIJK

De Clerck was werkzaam als graveur en uitgever te Delft tussen 1614 en 1625.

s.d., gravure, 20,3 × 14,6 cm

Lit.: Cat. *Festival van Vlaanderen*, Mechelen, 1980, nr. 47

Antwerpen, Stedelijk Prentenkabinet

24

KOLLER, Wilhelm

ALBRECHT DÜRER ONTVANGT EEN BOODSCHAP VAN AARTSHERTOGIN MARGARETA VAN OOSTENRIJK

Kollers geschiedkundige taferelen (vooral m.b.t. de 16de en 17de eeuw), sluiten inzake thematiek en techniek sterk aan bij het werk van de Antwerpse schilder Hendrik Leys (1815-1869).
Voor deze voorstelling van Dürer die een boodschap ontvangt van Margareta van Oostenrijk baseerde Koller zich op het dagboek dat Dürer schreef tijdens zijn reis door de Nederlanden. Eén citaat: "Insgelijks had Madonna Margareta, iemand te Brussel om mij gestuurd en mij gezegd, dat zij mijn heerseres wou zijn..." (Rupprich Bd. 1, p. 155).

1866, olie op mahonie, 31 × 44 cm

Nürnberg, Stadtgeschichtliche Museen, inv. Nr. Gm 2392

Cat. nr. 24

25

ANONIEM

STATUTEN VAN DE MECHELSE ST.-SEBASTIAANSGILDE

De broederschap van Sint Sebastiaan werd opgericht in de voormalige Sint-Pieterskerk te Mechelen. Margareta van Oostenrijk stond als eerste ingeschreven in de registers onder de titel "Madame".
De statuten tellen 64 bladzijden en bevatten 2 miniaturen en 3 wapenminiaturen.

ca 1544, perkamentcodex, 26,5 × 18,5 cm

Wien, Österreichische Nationalbibliothek, Handschriften und Inkunabelsammlung, inv. nr. Ms Ser Nr 12732 (Fid Comnr 7989)

26

DE LA MARCHE, Olivier

MEMOIRES SUR LA MAISON D'AUTRICHE

Het werk heeft een perkamenten band. Olivier de la Marche was kroniekschrijver in dienst van het Bourdongische Huis.

16de eeuw, papier, 32 × 21,5

Lit.: Cat. tent. *Margareta van Oostenrijk en haar Hof*, Mechelen, 1958, nr. 301

Antwerpen, Museum Plantin-Moretus, inv. nr. M 16.9

27

DE NOTER, Jan Baptiste

HOF VAN SAVOYE (Paleis van Margareta van Oostenrijk)

1849, aquarel, 25 × 36 cm

Lit.: Cat. tent. *Margareta van Oostenrijk en haar Hof*, Mechelen, 1958, nr. 214

Mechelen, Stedelijk Museum Hof van Buysleyden, inv. nr. G/11

28

HOOGENBERG, Nicolaas

MARGARETA VAN OOSTENRIJK IN GEBED

Margareta is geknield op haar bidstoel vóór een altaar, waarboven een ten dele zichtbare triptiek hangt.
Onderaan een dertienregelig vers van de Mechelse dichter Janus Secundus, waarin de doodstrijd van de landvoogdes wordt beschreven.

Nicolaas Hoogenberg was werkzaam als schilder en graveur te Mechelen.

ca 1539, burijngravure, 32,5 × 23,5 cm

Lit.: Cat. *Festival van Vlaanderen*, Mechelen, 1980, nr. 42

Brussel, Kon. Bibliotheek Albert I (Prentenkabinet)

29

HOOGENBERG, Nicolaas

DOODSTRIJD VAN MARGARETA VAN OOSTENRIJK

16de eeuw, ets en burijngravure, 32,6 × 23,2 cm
Brussel, Kon. Bibliotheek Albert I (Prentenkabinet)

30

HOOGENBERG, Nicolaas

LAATSTE HULDE VAN DE BEVOLKING AAN MARGARETA VAN OOSTENRIJK

16de eeuw, ets en burijngravure, 32,9 × 23,4 cm

Lit.: Cat. *Festival van Vlaanderen*, Mechelen, 1980, nr. 44

Brussel, Kon. Bibliotheek Albert I (Prentenkabinet)

31

ANONIEM

GRAFSTEEN VAN MARGARETA VAN OOSTENRIJK

Tekening op papier van de grafsteen die zich eertijds bevond in de voormalige St.-Pieterskerk te Mechelen en die werd vernield tijdens de Beeldenstorm in 1581. Het loden kistje, waarin zich de ingewanden van Margareta bevonden, werd in 1778 op last van Maria-Theresia overgebracht naar het hoogkoor van de Jezuïetenkerk (nu St.-Pieterskerk) te Mechelen.

1555, tekening, 40 × 26 cm

Lit.: Cat. tent. *Margareta van Oostenrijk en haar Hof*, Mechelen, 1958, nr. 207

Mechelen, Stedelijk Museum Hof van Busleyden, inv. nr. G/12

32

HOOGENBERG, Nicolaas

GRAFMONUMENT VAN MARGARETA VAN OOSTENRIJK

Met een lofdicht van de Mechelse dichter Janus Secundus.

Nicolaas Hoogenberg was werkzaam als schilder en graveur te Mechelen.

16de eeuw, burijngravure, 32,5 × 23,5 cm

Lit.: Cat. *Festival van Vlaanderen*, Mechelen, 1980, nr. 45

Brussel, Kon. Bibliotheek Albert I (Prentenkabinet)

33

TUERLINCKX, Jozef

ONTWERP MONUMENT MARGARETA VAN OOSTENRIJK

De definitieve uitvoering van dit ontwerp is van wit marmer en bevindt zich op de Mechelse Grote Markt. Het werd op 2 juli 1849 ingewijd.
In haar linkerhand houdt Margareta een perkamenten rol vast, die de door haar bedongen vrede van Kamerijk voorstelt.

De kunstenaar Tuerlinckx werd in 1809 te Mechelen geboren en overleed aldaar in 1873.

s.d., gips, H 190 cm

Lit.: Cat. tent. *Margareta van Oostenrijk en haar hof*, Mechelen, 1958, nr. 164

Mechelen, Stedelijk Museum Hof van Busleyden, inv. nr. B/4

34

VAN ORLEY, Barend (Omgeving van)

FILIPS DE SCHONE

Geboren in 1478 als zoon van keizer Maximiliaan en Maria van Bourgondië. Na de dood van zijn moeder in 1482, erfde hij de Bourgondische landen. In 1496 huwde hij Johanna van Castilië ("de Waanzinnige"), dochter van de Spaanse koningen Ferdinand II en Isabella. Zij hadden zes kinderen, waaronder de latere Karel V.
Door het overlijden van alle andere mogelijke opvolgers werd het echtpaar onverwachts erfgenaam van Castilië en Aragon. Maar de spilzucht van Filips, zijn begunstiging van de Nederlandse edelen en zijn onenigheid met zijn echtgenote (die door Filips' gedrag tot een bijna krankzinnige jaloersheid werd gebracht) deden hem de gunst der Spaanse bevolking in korte tijd verspelen. Vandaar dat aan vergiftiging gedacht werd, toen Filips in 1506 na het drinken van koud water binnen de zes dagen stierf.

Begin 16de eeuw, paneel, 37 × 27,5 cm

Lit.: Cat. tent. *500 Jaar Grote Raad*, Mechelen, 1973, nr. 381
Cat. *Festival van Vlaanderen*, Mechelen, 1980, nr. 6

Ieper, Stedelijk Museum

35

ANONIEM

FRANZ VON TAXIS

Franz von Taxis (1459-1517) mag als grondlegger van het internationale postwezen beschouwd worden. Hij organiseerde de eerste ononderbroken verbinding tussen het hof van Filips de Schone te Brussel en dat van Maximiliaan te Innsbruck. Filips benoemde hem tot "capitaine et maître de nos postes". Vanaf 1516 werd deze instelling door keizer Karel tot een internationaal net van postverbindingen uitgebouwd. Het portret is een kopie van een rond 1514 ontstaan werk van de hand van een anoniem Meester uit Frankfurt.

17de eeuw, doek, 49 × 35 cm

Lit.: Cat. tent. *Maximilian*, Innsbruck, 1969, nr. 329

Patsch (Innsbruck), Franz, Graf von Thurn und Taxis

36

ANONIEM

WAPENBORD VOOR HET KAPITTEL VAN HET GULDEN VLIES MET HET WAPEN VAN FILIPS DE SCHONE

Op 24 mei 1491 hield aartshertog Filips de Schone een "Kapittel van het Gulden Vlies" in de Sint-Romboutskathedraal te Mechelen. Boven de protocolair vastgelegde zitplaats in het koor hing steeds het wapenschild van de betreffende ridder. Wellicht zijn deze panelen aan P. Coustains toe te schrijven, die ook voor andere kapittels van het Gulden Vlies dergelijke opdrachten uitvoerde.

s.d., paneel, 87 × 55 cm

Lit.: Cat. tent. *500 Jaar Grote Raad*, Mechelen, 1973, nr. 326

Mechelen, Metropolitaanse Kerkfabriek van de H. Rumoldus

37

ANONIEM

WAPENBORD VOOR HET KAPITTEL VAN HET GULDEN VLIES MET HET WAPEN VAN ANTOON VAN BOURGONDIE

s.d., paneel, 87 × 55 cm

Mechelen, Metropolitaanse Kerkfabriek van de H. Rumoldus

38

ANONIEM

WAPENBORD VOOR HET KAPITTEL VAN HET GULDEN VLIES MET HET WAPEN VAN JEAN DE LIGNE

s.d., paneel, 87 × 55 cm

Mechelen, Metropolitaanse Kerkfabriek van de H. Rumoldus

39

ANONIEM

WAPENBORD VOOR HET KAPITTEL VAN HET

GULDEN VLIES MET HET WAPEN VAN MARTIN POLHAIM

s.d., paneel, 87 × 55 cm

Mechelen, Metropolitaanse Kerkfabriek van de H. Rumoldus

40

ANONIEM

WAPENBORD VOOR HET KAPITTEL VAN HET GULDEN VLIES MET HET WAPEN VAN JEAN DE CLEVES

s.d., paneel, 87 × 55 cm

Mechelen, Metropolitaanse Kerkfabriek van de H. Rumoldus

41

ANONIEM

WAPENBORD VOOR HET KAPITTEL VAN HET GULDEN VLIES MET HET WAPEN VAN PIERRE DE LUXEMBOURG

s.d., paneel, 87 × 55 cm

Mechelen, Metropolitaanse Kerkfabriek van de H. Rumoldus

42

ANONIEM

WAPENBORD VOOR HET KAPITTEL VAN HET GULDEN VLIES MET HET WAPEN VAN JEAN DE MELUN

s.d., paneel, 87 × 55 cm

Mechelen, Metropolitaanse Kerkfabriek van de H. Rumoldus

43

ANONIEM

KEIZER KAREL V

Geboren in 1500 als oudste zoon van Filips de Schone en Johanna van Castilië erft hij bij de dood van zijn vader in 1506 de Nederlanden en het graafschap Bourgondië. Tot zijn meerderjarigheidsverklaring in 1515 verblijft hij te Mechelen onder de voogdij van zijn tante Margareta van Oostenrijk. In 1517 wordt Karel koning van Castilië en bij de dood van Maximiliaan in 1519 wordt hij tot keizer verkozen. Ten opzichte van de complexiteit van de op het spel staande belangen en de verscheidenheid van de grondgebieden en van de volkeren, zal Karel V blijk geven, zo niet van genie, dan toch van gezond oordeel.
In 1526 trad hij in het huwelijk met Isabella van Portugal (1503-1539) en hoewel het natuurlijk ging om een politieke verbintenis was Karel erg gehecht aan zijn echtgenote. Toen zij in het kraambed stierf betreurde Karel haar zijn hele verdere leven.
In 1556 doet Karel V, vermoeid en geplaagd door jicht, troonsafstand en hij trekt zich terug te Yuste waar hij in 1558 overleed. De scheiding tussen het keizerrijk, dat hij aan zijn broer Ferdinand afstond, en Spanje dat hij aan zijn zoon Filips overliet, verzwakte de Habsburgse macht.

Dit portret van Karel V in ruiterharnas is mogelijk het werk van Desiderius Helmschied van Augsburg. Het betreft een kopie van een portret dat Titiaan maakte in 1548, na de slag bij Mühlberg in Augsburg.

ca 1548, doek, 110 × 91 cm

Lit.: Cat. *Gemäldegalerie, Kunsthistorisches Museum*, Wien, 1982, nr. 22

Wien, Kunsthistorisches Museum, inv. nr. 8060

44

VAN BATTEL, Jan

KAREL V

Van Battel bracht dit drieluik tot stand in zijn functie van hofschilder van Karel V.
Op het middenpaneel werd keizer Karel op zijn troon afgebeeld in medaillonvorm. Op de zijpanelen bevinden zich de wapens van zijn territoriale bezittingen. Onderaan op het middenpaneel staat een verklarende tekst.

1517, paneel, middenpaneel 88 × 56 cm
zijpanelen 90 × 25 cm

Lit.: Cat. *Festival van Vlaanderen*, Mechelen, 1980, nr. 2
Cat. tent. *500 Jaar Grote Raad*, Mechelen, 1973, nr. 366

Mechelen, Stedelijk Museum Hof van Busleyden, inv. nr. S/10

45

DUETECUM, Lucas en Johannes

DE STATEN VAN DE "POMPA FUNEBRIS" VAN KAREL V

Keizer Karel V overleed op 21 september 1558 te Yuste (Spanje), waar hij begraven werd in de kloosterkerk. Filips II wenste evenwel dat ook in de Nederlanden aan zijn vader de laatste eer zou worden betuigd, zodat te Brussel op 29 en 30 december een luisterrijke rouwstoet plaatsvond.
Het meest imponerende deel van de praalstoet werd in prent gebracht in een herinneringsalbum en o.a. uitgegeven door Plantin. De tekeningen zijn van Hieronymus Cock. Ze werden gegraveerd en geëtst door de gebroeders Duetecum, die met etsnaald en burijn het geheel op 33 koperen platen brachten. Er versche-

nen verschillende, luxueuze uitgaven met ingekleurd-plaatwerk en met meertalige inleidingen. De verschillende platen vormen een lange fries. De laatste prent toont de met drieduizend kaarsen versierde rouwkapel en het wapen van keizer Karel V.

Het tentoongestelde exemplaar werd met zekerheid uitgegeven door Plantin. Plaat 32 ontbreekt.

1559, ets

Lit.: L. DE PAUW, *De staten van de "Pompa Funebris" van Karel V door Johannes en Lucas a Duetecum naar Hieronymus Cock*, 1968

Wien, Museum für angewandte Kunst, inv. Nr. TII 7

46

KELDERMANS, Rombout II

ORIGINEEL PLAN VOOR HET NIEUW PALEIS VAN DE GROTE RAAD

Dit plan werd in opdracht van Karel V ontworpen door de Mechelse bouwmeester Rombout II Keldermans. De bouwwerken vingen aan in 1526, maar rond 1535 werden ze voor eeuwen stilgelegd. Pas in het begin van de 20ste eeuw werd het gebouw voltooid en in 1913 werd het als stadhuis in gebruik genomen.

ca 1525, inkttekening, 39 × 98 cm

Lit.: Cat. tent. *500 Jaar Grote Raad*, Mechelen, 1973, nr. 486

Mechelen, Stedelijk Museum Hof van Busleyden, inv. nr. G/3

47

MORO, Antonio (naar)

MARGARETA VAN PARMA

Deze bastaarddochter van Karel V en de Vlaamse Johanna van der Gheijnst werd opgevoed aan het Brusselse Hof bij aartshertogin Margareta en Maria van Hongarije.
Gedurende de periodes 1559-1567 en 1580-1583 was zij stadhoudster van de Nederlanden.
Het portret van de hier ongeveer veertigjarige Margareta van Parma werd gemaakt door een Nederlands schilder naar een borstbeeld van Antonio Moro.
De snit en versiering van het kleed zijn karakteristiek voor de Spaanse mode rond 1560.

± 1562, doek, 53 × 41,5 cm

Lit.: Cat. *Gemäldegalerie, Kunsthistorisches Museum*, Wien, 1982, nr. 32

Wien, Kunsthistorisches Museum, inv. nr. 4436

48

VAN VALCKENBORCH, Lucas

AARTSHERTOG MATTHIAS

Zoon van Maximiliaan II en de infante Maria. Zijn regentschap over de Nederlanden (1577-1582) was een eerste poging tot zelfstandig politiek handelen, maar liep uit op een totale mislukking.
Na de dood van zijn broer, keizer Rudolf II, met wie hij altijd in onmin had geleefd, werd Matthias tot keizer verkozen, hoewel zijn bondgenoot Melchior Khlesl steeds de feitelijke macht in handen zou hebben.
De keizer stierf kinderloos in 1619, net vóór het definitieve en gewelddadige losbarsten van de 30-jarige oorlog.

Aartshertog Matthias wordt hier voorgesteld als de Romeinse keizer P. Cornelius Scipio Africanus Maior.

Lit.: Cat. *Gemäldegalerie, Kunsthistorisches Museum*, Wien, 1982, nr. 78

Wien, Kunsthistorisches Museum, inv. nr. 6437

49

ANONIEM

KACHELTEGEL MET VOORSTELLING VAN AARTSHERTOG MATTHIAS

De figuur, met halskraag en een brede vederhoed, staat onder een nis met rondbogen die op gekanneleerde zuilen rusten. Rond zijn hoofd leest men het opschrift: "MATHIAS ERT HER CG OSTE".

1600, leem, zwarte glacering, 39 × 29,5 × 6 cm

Lit.: Cat. *Niederösterreichisches Landesmuseum*, Wien 1970, nr. 55

Wien, Niederösterreichisches Landesmuseum, inv. nr. I 533

50

COLIJN, Alexander

TWEE RELIEFS: GRAFLEGGING EN VERRIJZENIS, MET TWEE SCHENKERSFIGUREN

Colijn werkte als Mechels beeldhouwer aan de basreliëfs van het graf van Maximiliaan te Innsbruck.

Grafteken van kamerraadslid Ulrich Hohenhauser von Tierburg en zijn vrouw Eva Karl. Ze overleden beiden in 1600.
De kunstwerken zijn afkomstig uit het Innsbrucker kerkhof. Het verloren inschrift luidde: "NOBILI. ET.AMPLISSIMO.VIRO.DNO.UDALRICO. HOHNHAUSER.A.THUERBURG.SERNI.ARCH. AUST.FERDINANDI.CONSILIARIO.INTIMO. ETC.1600."

s.d., albast, reliëf Graflegging, 63 × 68 cm
s.d., albast, reliëf Verrijzenis, 24 × 31,5 cm
s.d., albast, schenkersfiguur Ulrich Hohenhauser, 68 × 43 cm
s.d., albast, schenkersfiguur Eva Karl, 68 × 44 cm

Innsbruck, Tiroler Landesmuseum Ferdinandeum, inv. nr. P 870 a-d

51

ROTA, Martino

AARTSHERTOG ERNST

Zoon van Maximiliaan II en de infante Maria. Samen met zijn boer Rudolf kreeg hij in Spanje aan het hof van Filips II een streng katholieke opvoeding.
In 1593 werd hij door koning Filips II als stadhouder van de Nederlanden aangesteld. Hij bleef ongehuwd en tot zijn dood toonde hij zich een groot muziek- en kunstbeschermer.
Dit schilderij maakt deel uit van een serie portretten van de zonen van Maximiliaan II.

1585-1590 (?), doek, 51 × 42,5 cm

Lit.: Cat. *Gemäldegalerie, Kunsthistorisches Museum*, Wien, 1982, nr. 75

Wien, Kunsthistorisches Museum, inv. nr. 2588

52

VAN VEEN, Otto

AARTSHERTOG ALBRECHT VII

Zoon van Maximiliaan II en de infante Maria. Hij trad toe tot de geestelijke stand en werd in 1594 aartsbisschop van Toledo. Na de dood van zijn broer aartshertog Ernst in 1595 werd hij door Filips II benoemd tot stadhouder van de Nederlanden. Met toelating van de paus legde hij zijn geestelijk ambt neer en huwde in 1598 Isabella, dochter van Filips II. Het regentenpaar stond sterk onder de invloed van de contrareformatie en liet zich in met kunstmecenaat (o.a. Rubens en Van Dyck).

1596/97, doek, 119 × 98 cm

Lit.: Cat. *Gemäldegalerie, Kunsthistorisches Museum*, Wien, 1982, nr. 83

Wien, Kunsthistorisches Museum, inv. nr. 1061

53

HISTORICA NARRATIO

Dit boek verhaalt de Blijde Inkomst van de Oostenrijkse aartshertogen Albrecht en Isabella in de Nederlanden. Het telt 175 bladzijden en werd uitgegeven door Plantin Moretus te Antwerpen.

1595, boek

Wien, Museum für angewandte Kunst, inv.nr. A III 5

54

VAN VALCKENBORCH, Lucas

LENTELANDSCHAP

Dit werk behoort tot de serie "4 seizoenen", die in opdracht van aartshertog Matthias geschilderd werd. Een voornaam gezelschap houdt een picknick in het bos. Tussen de tuin en de stad, op een door muren omsloten grote plaats, wordt een tornooi gehouden. Op de tribune bevinden zich de juryleden. Op de achtergrond schilderde Van Valckenborch (zelf in Brussel geboren), een fantasielandschap dat Brussel voorstelt. We herkennen het stadhuis en de Sint-Goedelekathedraal.

1578, doek, 116 × 198 cm

Lit.: Cat. *Gemäldegalerie II*, 1963, nr. 384

Wien, Kunsthistorisches Museum, inv. nr. 1065

55

LUYCKX, Frans

AARTSHERTOG LEOPOLD-WILHELM

Jongste zoon van Ferdinand II en Maria-Anna van Beieren. Hij trad toe tot de geestelijke stand en werd reeds in 1625 bisschop. Van 1647 tot 1656 verbleef hij als stadhouder in de Nederlanden.
Zijn betekenis ligt niet zozeer in zijn eerder minder geslaagde politieke bezigheden, maar wel in zijn bijzondere interesse voor de kunsten, als mecenas en verzamelaar. Vooral tijdens zijn regering in de Spaanse Nederlanden steunde hij een groot aantal Vlaamse kunstenaars door opdrachten en aankopen. Zijn kunstverzameling groeide uit tot één van de belangrijkste van zijn tijd.

Vermoedelijk is dit portret van Leopold-Wilhelm in geestelijk gewaad een voorstudie geweest voor 2 portretten van de aartshertog in totaalfiguur, die zich respectievelijk in Stockholm en Wenen bevinden. Dit is een uitzonderlijk stuk, want van hofschilder Luyckx zijn geen andere uitgewerkte voorstudies bekend.

1635-1640, doek, 85 × 56 cm

Lit.: Cat. *Gemäldegalerie, Kunsthistorisches Museum*, Wien, 1982, nr. 115

Wien, Kunsthistorisches Museum, inv. nr. 2754

56

ANONIEM

KAREL VI

Zoon van Leopold I en Eleonora von Pfalz-Neuburg. In 1708 trouwt hij met Elisabeth-Christina von Braunschweig-Wolfenbüttel. Na de dood van zijn broer Jozef I verlaat hij Spanje om hem op te volgen als keizer der Oostenrijkse erflanden (1711).
Karels regering droeg vooral bij tot de verdere machtsontplooiing van het Habsburgse Huis door de talrijke overwinningen van zijn opperbevelhebber Eugen van Savoye in de Turkenoorlog. Reeds in 1713 bepaalde Karel dat, indien hij zonder mannelijke nakomelin-

gen bleef, zijn eventuele dochters erfgenaam werden. Desondanks zou zijn dochter Maria-Theresia na zijn dood verwikkeld worden in een verwoede Oostenrijkse successieoorlog.
De keizer draagt een met goudkant bezet Spaans mantelkleed en kniekousen met donkergroene omslag, afgestemd op de voering van zijn mantel en de veren aan zijn hoed. Onder het jabot is de ketting van de Orde van het Gulden Vlies zichtbaar.

ca 1730, doek, 232,5 × 155 cm

Lit.: Cat. tent. *Prinz Eugen und das barocke Österreich*, Wien, 1986, nr. 12.10

Graz, Landesmuseum Joanneum, Abteilung Schloss Eggenberg

57

ANONIEM

KEIZERIN ELISABETH-CHRISTINA

De keizerin is afgebeeld in een donkergroen kleed met gouddraad versierd. De mouwen hebben een driedubbel geplooide kant.
Het donkergroen van het kleed is afgestemd op het groene kostuum van haar man Karel VI. Zie cat. nr. 56.
Zij wijst naar een tafel waarop de keizerskroon ligt.

ca 1730, doek, 233 × 155,5 cm

Lit.: Cat. tent. *Prinz Eugen und das barocke Österreich*, Wien, 1986, nr. 12.11

Graz, Landesmuseum Joanneum, Abteilung Schloss Eggenberg inv. nr. 641

58

ANONIEM

KEIZER KAREL VI

s.d., verguld hout, H. 109 cm

Mechelen, Stedelijk Museum Hof van Busleyden, inv. nr. B/166

59

VOGEL, Bernhard

PRINS EUGEN VAN SAVOYE

Prins Eugen is één der belangrijkste figuren uit de Europese oorlogs- en staatsgeschiedenis. Aanvankelijk voorbestemd om geestelijke te worden kiest hij uiteindelijk voor een militaire carrière. Daar de Franse koning Lodewijk XIV echter weigert hem in dienst te nemen, treedt Eugen uit wraak toe tot het Oostenrijks leger.
In 1693 was hij reeds veldmaarschalk en in 1696 voerde hij het opperbevel over het Oostleger. Zijn eerste grote overwinning tegen de Turken behaalde hij in 1697 bij Zenta. In het Westen overwon hij vele malen in Frankrijk. Zijn kundigheid als staatsman bewees hij vooral als stadhouder van de Oostenrijkse Nederlanden (1716-1724).
Zijn dood in 1736 viel samen met het einde van de Oostenrijkse expansie.

s.d., doek, 89 × 69,5 cm

Lit.: Cat. tent. *Maria-Theresia und ihre Zeit*, Wien, 1980, nr. 01,07

Wien, Graphische Sammlung Albertina, inv. nr. HB/ÖK Kupezky, S.6

60

FERNKORN, Anton Dominik

ONTWERP VOOR HET WEENS MONUMENT VOOR PRINS EUGEN

In 1860 werd de opdracht tot ontwerp van het Weens prins Eugenmonument aan Fernkorn schriftelijk betekend door de keizer. Het sokkelontwerp van Eduard van der Nüll werd uitgevoerd door de steenhouwer Joseph Kranner. De onthulling van het standbeeld vond plaats op 18 oktober 1865.

19de eeuw, brons, 61 cm

Lit.: Cat. tent. *Prinz Eugen und das barocke Österreich*, Wien, 1986, nr. 12.47

Wien, Heeresgeschichtliches Museum, inv. nr. 20.713

61

ANONIEM

DE VOORZITTER VAN DE GROTE RAAD ERNEST DE BAILLET-LATOUR BEDWINGT HET OPROER DER BUILDRAGERS

Mechelen leed zwaar onder de gevolgen van de oorlogen van Lodewijk XIV. Men leed honger en er heerste werkloosheid. Alles in het land was ontwricht, het bestuur ontredderd. Het is dan ook niet te verwonderen dat men zich liet verleiden tot opstand. Zo beleefde Mechelen van 15 tot 22 juni 1718 een geweldig oproer, waarbij vooral de buildragers (vandaag dokwerkers) actief waren. Zij protesteerden bij de magistraat tegen de handelwijze van de schippers. Zij hadden immers tevergeefs geëist dat verschepingen te Mechelen zouden gebeuren. De voorzitter van de Grote Raad, de Baillet, slaagde erin met de opstandelingen te onderhandelen in Pitzemburg en hen tot bedaren te brengen, mits te beloven dat de gevangenen zouden vrijkomen, de Oostenrijkse troepen de stad zouden verlaten en de burgers opnieuw de wacht zouden betrekken.

1718, doek, 93 × 110 cm

Lit.: R. FONCKE, *Mechelen de Heerlijke*, Mechelen, 1947, p. 275-278

Mechelen, Bibliotheek Gerechtshof

SERENISSIMUS PRINCEPS
AC DOMINUS, DOMINUS
EUGENIUS FRANCISCUS,
DUX SABAUDIÆ ET PEDIMONTII, AU.
REI VELLERIS EQUES, SACRÆ CÆSAREÆ
REGIÆQUE MAIESTATIS CONSILIARIUS
INTIMUS, CONSILII AULÆ BELLICI
PRÆSES, GENERALIS LOCUMTENENS,
CAMPI MARESCHALLUS, AUSTRIA=
CO=BELGICARUM PROVINCIARUM
GUBERNATOR ET CONSTITUTUS
COLONELLUS.

Cat. nr. 59

62

VON MARON, Anton

KEIZERIN MARIA-THERESIA

Geboren in 1717 als oudste dochter van Karel VI. Zij legde door haar huwelijk met de latere Franz I in 1736 en hun zestien kinderen de basis voor het huis Habsburg-Lotharingen. Slechts met grote moeite wist zij zich staande te houden in de Oostenrijkse Successieoorlog tegen de Beierse Karel VII, de Spaanse Bourbons en Frederik II van Pruisen. Maria-Theresia was een sterke persoonlijkheid en de manier waarop zij zich met haar praktisch verstand, haar wilskracht en originaliteit uit de moeilijkheden werkte waarmee ze telkens weer te maken kreeg, is bewonderenswaardig. Na de dood van haar echtgenoot Franz I (1765) benoemde zij haar oudste zoon Jozef tot mederegent zoals Franz geweest was.
Algemeen beschouwd was zij gekant tegen de ideeën van de "Aufklärung" en de meningsverschillen tussen moeder en zoon over diens neiging tot radicale hervorming bleven dan ook niet uit.
Maria-Theresia overleed in 1780.

Von Maron maakte deze compositieschets samen met een portretschets in 1772 te Wenen. Het uiteindelijke grote portret (287 × 125 cm) realiseerde hij in 1773 te Rome. De keizerin werd afgebeeld in zwarte weduwenkledij, die zij na de dood van haar echtgenoot in 1765 niet meer aflegde.

1772, doek 55,5 × 25 cm

Lit.: Cat. *Gemäldegalerie, Kunsthistorisches Museum*, Wien, 1982, nr. 145

Wien, Kunsthistorisches Museum, inv. nr. 6948

63

ANONIEM

KEIZER FRANZ I

Zoon van hertog Leopold van Lotharingen en Charlotte van Orleans. Zijn reeds lang geplande huwelijk met Maria-Theresia, de toekomstige Habsburgse erfgename, vond plaats in 1736. Toen zijn echtgenote na de dood van haar vader keizer Karel VI de regering in de erflanden overnam, werd Franz door haar als mederegent aangesteld.
Na de dood van keizer Karel VI werd hij in 1745 tot zijn opvolger gekozen.

s.d., doek, 167 × 130 cm

Wiener Neustadt, Kommando der Theresianischen Militärakademie, inv. nr. 87/W 2648

64

ANONIEM

DUBBELPORTRET VAN MARIA-THERESIA EN FRANZ-STEPHAN VAN LOTHARINGEN

Het dubbelportret van het keizerlijke echtpaar wordt omringd door een rijke, vergulde kader.

ca 1750, doek, 2 × 108 × 78 cm

Lit.: Cat. tent. *Maria-Theresia und ihre Zeit*, Wien, 1980, nr. 19,1

Wien, Theresianische Akademie

65

VON MEYTENS, Martin

KEIZERIN MARIA-THERESIA

Dit portret werd in 1759 besteld door de Academische Raad voor de Raadzaal van de Academie voor Schone Kunsten.

ca 1759, doek, 119 × 96 cm

Lit.: Cat. tent. *Maria-Theresia und ihre Zeit*, Wien, 1980, nr. 53,01

Wien, Akademie der bildenden Künste, inv. nr. 103

66

VON MEYTENS, Martin

KEIZER FRANZ I STEPHAN VAN LOTHARINGEN

Op dit portret draagt de keizer galakleding uit zwaar goudbrokaat met rijke decoraties. Op zijn borst valt de geplisseerde das uit Brusselse kloskant.
Het portret ontstond waarschijnlijk korte tijd na de kroning van Franz I in 1745.

na 1745, doek, 150 × 117 cm

Lit.: Cat. *Gemäldegalerie, Kunsthistorisches Museum*, Wien, 1982, nr. 198

Wien, Kunsthistorisches Museum, inv. nr. 3440

67

DOMANEK, Anton Matthias (toegeschreven aan)

PERSOONLIJK EETGEREI VAN KEIZERIN MARIA-THERESIA

Zwarte lederen doos met verzilverd messingbeslag. De binnenzijde werd bekleed met zwart fluweel.

1) Lepel, L. 18,4 cm, inv. nr. 180 555/003
2) Vork, L. 16,7 cm., inv. nr. 180 555/002

Lepel en vork hebben een brede steel met eenvoudig draadpatroon en gegraveerde schelpen aan boven- en onderzijde. Beide zijn afgesleten.

3) Mes, L. 21,8 cm., inv. nr. 180 555/004
   Stalen lemmet en licht gebogen rug. Afgesleten.

4) Trancheermes, L. 18,5 cm., inv. nr. 180 555/005

Ronde greep met brede, gerilde banden en gegraveerde uitgetande schelpen. Afgesleten.

5) Kruidendoos, H. 3 cm., L. 8 cm., inv. nr. 180 555/006
Ovalen doos met gewelfde zijden op vier gebogen kleine schelpvormige poten. Op de ingedeelde binnenruimte past een deksel met schelpvormige grepen.

6) Eierdopje, H. 5,5 cm., inv. nr. 180 555/007

7) Eierlepel, L. 16,7 cm., inv. nr. 180 555/001
Vlakke ovalen lepel met lange smalle steel met draadpatroon.

1ste helft 18de eeuw, goud

Lit.: Cat. tent. *Gold und Silber aus Wien und Kopenhagen*, Kopenhagen, 1985, P. 111

Wien, Hofburg Schauräume

68

SOEPTERRINE MET DEKSEL

ca 1767

Lit.: Cat. *Bundesmobiliensammlungen* (Karl-Alexander von Lothringen), p. 12, Afb. 11

Wien, Hofburg Schauräume, inv. nr. 180 112/036-37

69

LEGENDRE, L. & DU BOULOIS, A.

KAREL-ALEXANDER VAN LOTHARINGEN

Geboren in 1712 als zoon van hertog Leopold-Jozef van Lotharingen en Elisabeth-Charlotte van Orleans. In 1744 trouwt hij met aartshertogin Maria-Anna, dochter van Keizer Karel VI. Het paar werd benoemd tot stadhouders van de Nederlanden en verhuisde naar Brussel. Daar overleed Maria-Anna nog geen jaar na hun huwelijk. Karel-Alexander werd in 1761 grootmeester van de Duitse Ridderorde. Hij overleed in 1780.

s.d., burijngravure, in folio

Brussel, Kon. Bibliotheek Albert I (Prentenkabinet), inv. nr. Portr. Litt. C/S II 50.386

70

ANONIEM

JOHAN CARL PHILIP, GRAAF VAN COBENZL

Oostenrijks diplomaat, die in 1753 door Maria-Theresia aangesteld werd als gevolmachtigd minister bij het gouvernement-generaal der Nederlanden, onder het gezag van Karel van Lotharingen. Hij vervulde dit ambt gedurende 17 jaar en streefde, als overtuigd voorvechter van het verlicht despotisme, naar bestuurlijke centralisatie in de staat en beperking van de rechten van de Kerk.

Zijn marmeren borstbeeld, in 1914 door Aerts naar een oud gipsmodel van Augustin Olivier de Marseille geboetseerd, prijkt thans nog op de monumentale schoorsteen van de vergaderzaal der Academie tussen de geschilderde portretten van keizerin Maria-Theresia en van koning Leopold I van België.

s.d., tekening

Wien, Österreichische Nationalbibliothek, Bildarchiv und Porträtsammlung, inv. nr. Pg. 159.661 :I(1)

71

BATONI, Pompeo

KEIZER JOZEF II

Na de dood van zijn vader Franz I werd Jozef keizer van Duitsland en mederegent van zijn moeder, Maria-Theresia, in de Habsburgse erflanden. Na het overlijden van zijn eerste echtgenote Isabella van Parma, trouwde hij in 1765 met Maria-Jozefa van Beieren. Pas vanaf 1780, na de dood van Maria-Theresia, kon Jozef zijn ideeën over de relatie kerk-staat en een allesverzorgende welvaartstaat tot uitvoering brengen. Hoewel het Jozefinische gedachtengoed door een te snelle en te radicale doorvoering op veel tegenstand botste, is het van fundamentele betekenis gebleven.

Batoni was één van de meest gewaardeerde kunstenaars van zijn tijd. De voorstellingen van Jozef in zijn uniform van bevelhebber van het husarenregiment met de Orde van het Gulden Vlies en met het kruis van de Maria-Theresia-Orde, zijn zeer zeldzaam.

1770, doek, 107 × 79 cm

Lit.: Cat. tent. *Niederösterreichisches Barockmuseum*, Wien, 1985, blz. 44

Wien, Niederösterreichisches Landesmuseum, inv. nr. A 37/79

72

NATTIER, Jean Marc

ISABELLA VAN PARMA

Deze kleindochter van Lodewijk XV, artistiek erg begaafd, huwde in 1760 de toekomstige keizer Jozef II. In 1763, toen ze haar tweede kind verwachtte, werd zij het slachtoffer van de pokken. Karakteristiek voor het modebeeld van haar tijd zijn vooral het diepe decolleté, het lint dat met een strik om de hals gebonden is en het dicht tegen het hoofd aanliggende witgepoederde kapsel.

1758, doek, 82 × 64 cm

Lit.: Cat. *Gemäldegalerie, Kunsthistorisches Museum*, Wien, 1982, nr. 268

Wien, Kunsthistorisches Museum, inv. nr. 2069

73

School Martin VON MEYTENS

MARIA-JOZEFA VAN BEIEREN

De officiële rouwperiode voor de eerste echtgenote van Jozef II was nauwelijks voorbij of zijn moeder begon reeds nieuwe huwelijksplannen te smeden. Na zijn aanvankelijke weigering huwde hij in 1765 prinses Maria-Jozefa van Beieren. Jozef maakte er geen geheim van totaal onverschillig te staan tegenover zijn echtgenote. Ook zij werd in 1767 het slachtoffer van een pokkenepidemie.

s.d., doek, 81 × 64 cm

Wien, Kunsthistorisches Museum, inv. nr. 8370

74

HERREYNS, Willem (?)

WAPEN VAN JOZEF II

Door de kunstenaar gemaakt als herinnering aan het verblijf van Jozef II te Mechelen, in hotel "De Kraan", Grote Markt, op 20 juni 1781.

s.d., paneel, 111 × 79 cm

Mechelen, Stedelijk Museum Hof van Busleyden, inv. nr. S/224

75

ANONIEM

FERDINAND, GRAAF VON TRAUTTMANSDORFF

Gevolmachtigd minister en gouverneur-generaal van de Oostenrijkse Nederlanden (1787-89) onder Jozef II.

Wien, Österreichische Nationalbibliothek, Bildarchiv und Porträtsammlung, inv. nr. Pg. 100.962 - Ptf. 262: I (1)

76

PICHLER, Giovanni

HERTOG ALBRECHT VAN SAXEN EN AARTSHERTOGIN MARIA-CHRISTINA

Maria-Christina was de enige dochter van keizerin Maria-Theresia die een huwelijk aanging zonder politiek belang. Zij hield vast aan haar eigen keuze en trouwde in 1766 met hertog Albrecht van Saxen-Teschen. In 1781 werden zij door Jozef II aangesteld als stadhouder van de Oostenrijkse Nederlanden.

s.d., leem en krijt, 2 × 13,2 × 8,9 cm

Wien, Graphische Sammlung Albertina, inv. nr. 6154/5 (D 2247-D 2248)

77

ANONIEM

AARTSHERTOG LEOPOLD (KEIZER LEOPOLD II) EN ZIJN ZOON (KEIZER FRANZ II)

Aangezien Jozef II zich hardnekkig verzette tegen alle voorstellen van zijn moeder Maria-Theresia om een derde huwelijk aan te gaan en alsnog voor nakomelingen te zorgen, beschouwde hij de zestien kinderen van zijn broer Leopold als de zo begeerde erfgenamen van de monarchie. In 1784 verplichtte hij aldus Leopold om diens oudste zoon, de zestienjarige Franz, naar Wenen te brengen, waar hij als "leerlingkeizer" onder Jozefs toezicht als een toekomstig heerser zou opgevoed worden.

ca 1780, doek, 157 × 115 cm

Lit.: Cat. tent. *Maria-Theresia und ihre Zeit*, Wien, 1980, nr. 47.01

Wiener Neustadt, Kommando der Theresianischen Militärakademie, inv. nr. 305/W 2459-11020

78

LAMPI, Johann Baptist

ELISABETH-WILHELMINA VON WÜRTTEMBERG

In 1781 plande keizer Jozef II het huwelijk tussen Elisabeth en zijn neef en opvolger aartshertog Franz (keizer Franz II). Tot bij de voltrekking van dit huwelijk in 1788 werd de prinses in een klooster te Wenen opgevoed. Nog vóór haar echtgenoot tot keizer werd gekroond stierf zij bij de geboorte van haar eerste kind.
Het kleed van Elisabeth weerspiegelt het einde van de barokmode, net voor de algemene verbreiding van de nieuwe classicistische lijn.

1785, doek, 155 × 112 cm

Lit.: Cat. *Gemäldegalerie, Kunsthistorisches Museum*, Wien, 1982, nr. 216

Wien, Kunsthistorisches Museum, inv. nr. 8781

Cat. nr. 76

Cat. nr. 77

ARCHIVALIA

* Verklaring van enkele minder gebruikelijke afkortingen, gebruikt in de beschrijvende catalogus der archivalia:
alb.: album
F.: Foto
Geaut.: Geauthentiseerde
icon.: iconografische collectie
k.: kopie
M.: Mechelen
S.: Stadsarchief
pa.: papier
pe.: perkament

79

9/1/1477 (o.s.)

Oorkonde betreffende de eed die Maximiliaan gezworen heeft in zijn hoedanigheid van echtgenoot van Maria van Boergondië.

Orig., pe.

M., S., charters, nr. 252

80

25/6/1477

Oorkonde van Maria van Bourgondië waarin de eed beschreven is die zij dezelfde dag vóór de inwoners van Mechelen aflegde.

Orig., pe. met zegel

M., S., charters, nr. 251

81

13/12/1485

Brief van Maximiliaan, aartshertog van Oostenrijk, waarin hij de stad Mechelen aanspoort een feestelijke ontvangst voor te bereiden voor keizer Frederik III, zijn vader, die hij hoopt te overhalen om zijn kleinzoon in Mechelen te komen bezoeken.

Orig., pa.

M., S., lettres missives, nr. 395

82

20/4/1488 (o.s.)

Brief aan de magistraat van Mechelen waarin Frederik III, keizer van Duitsland, met aandrang beveelt de jonge aartshertog door niemand buiten de stad te laten voeren. Hij laat tevens aan de Mechelaars weten dat Sigismond, aartshertog van Oostenrijk, hen ter hulp komt met een keurtroep van 1000 man voetvolk, in afwachting van de Duitse troepen.

Orig., pa.

M., S., lettres missives, nr. 402

83

10/1/1490 (o.s.)

Patent van keizer Frederik III waarbij hij de heerlijkheid Mechelen tot graafschap verheft. Hij geeft daarbij de toelating om aan het wapen der Berthouts een hartschild toe te voegen met op een veld van goud een zwarte adelaar, overeenkomstig het wapen van de Roomse koningen.

Orig., pe.

M., S., charters, nr. 293

84

17/3/1490 (n.s.)

Brief van koning Maximiliaan aan de heer van Champvans, zijn kanselier. Zijn vader, de keizer, geeft de opdracht om in alle clausules en patenten het nieuwe graafschap Mechelen dezelfde rang toe te kennen als de andere graafschappen en er moet een officiële kennisgeving gezonden worden naar alle centrale bestuurslichamen van de Nederlanden.

Orig., pa.

M., S., lettres missives, nr. 416

Cat. nr. 80

85

27/3/1494 (o.s.)

Oorkonde van koning Maximiliaan en Filips de Schone met de eed die hij diezelfde dag vóór de Mechelaars aflegde bij zijn intrede als heer van Mechelen.

Orig., pe. met zegel

M., S., charters, nr. 294

86

VAN DEN EYNDE, A.F.

kopie naar J.-B. BERINCX

De Grote Raad onder aartshertog Filips de Schone op 22 januari 1504.

Aquarel, 50,3 × 68 cm

M., S., icon., nr. C 8478

87

27/8/1507

Brief van Margareta, aartshertogin van Oostenrijk, aan de magistraat van Mechelen, met de vraag om zonder verlet de beloofde troepen te sturen naar Tienen, waar de grenzen bedreigd worden. Tevens geeft zij de belofte deze uitgaven af te lossen bij de eerste bede die zal gestemd worden.

Orig., pa.

M., S., lettres missives, nr. 470

88

16/10/1507

Brief van Maximiliaan, koning van het H. Roomse Rijk aan de magistraat van Mechelen, aangaande de ziekte die, zoals hem ter ore is gekomen, heerst in de stad en die hem onrust baart omwille van zijn kleinkinderen.

Orig., pa.

M., S., lettres missives, nr. 471

89

5/2/1514 (o.s.)

Oorkonde van Karel, infant van Spanje, de latere Karel V, met de eed die hij te Mechelen aflegde bij zijn intrede als heer van Mechelen, evenals de bevestiging van de privilegiën der stad.

Orig., pe. met zegel

M., S., charters, nr. 312

90

ANONIEM

Portret, buste in medaillon, van Margareta van Oostenrijk.

Inscriptie: *Margarita ab Austria D.G. Ducissa Sabaudiae.* (17de eeuw?)

Burijngravure, 24,1 × 17,2 cm

M., S., icon., nr. B 7106

91

DE NOTER, J.B.

Zicht op het paleis van Margareta van Oostenrijk in 1780.

Aquarel, 37 × 23 cm

M., S., icon., verz. Schoeffer, nr. 341

92

DE NOTER, J.B.

Zicht op de achterbouw van het paleis van Margareta van Oostenrijk omstreeks 1785.

Aquarel, 37 × 23 cm

M., S., icon., verz. Schoeffer, nr. 344

93

VAN DEN EYNDE, A.F.

Zicht op de achterbouw van het paleis van Margareta van Oostenrijk omstreeks 1794.

Aquarel, 40,5 × 23 cm

M., S., icon., verz. Schoeffer, nr. 345

94

VAN DEN EYNDE, A.F.

Zicht op de binnenkoer en de ingangstrap van het paleis van Margareta van Oostenrijk in 1780.

Aquarel, 37,5 × 23,5 cm

M., S., icon., verz. Schoeffer, nr. 343

95

VAN DEN EYNDE, A.F.

Zicht op de binnenkoer van het paleis van Margareta van Oostenrijk in 1790.

Aquarel, 37,5 × 25 cm

M., S., icon., verz. Schoeffer, nr. 342

96

DE NOTER, J.B.

Zicht op de binnenkoer van het paleis van Margareta van Oostenrijk.

Aquarel, 37 × 23 cm

M., S., icon., verz. Schoeffer, nr. 346

97

VAN DEN EYNDE, A.J.A.

Binnenzicht van de koer van het paleis van Margareta van Oostenrijk.

Gewone tekening met Oostindische inkt, 44 × 28,5 cm

M., S., icon., nr. D 99

98

VAN DEN EYNDE, A.J.A.

Binnenzicht van de koer van het paleis van Margareta van Oostenrijk.

Gewone tekening met Oostindische inkt, 22,5 × 23 cm

M., S., icon., nr. D 50

99

VAN DEN EYNDE, A.F.

Binnenzicht in één der lokalen van de Grote Raad omstreeks 1770.

Aquarel, 41 × 26 cm

M., S., icon., verz. Schoeffer, nr. 349

100

VAN DEN EYNDE, A.F.

Binnenzicht in één van de lokalen van de Grote Raad omstreeks 1780.

Aquarel, 38,5 × 27,5 cm

M., S., icon., verz. Schoeffer, nr. 350

101

VAN DEN EYNDE, A.J.A.

Paleis van Margareta van Oostenrijk: een van de zalen.

Gewassen tekening met Oostindische inkt, 25 × 38,2 cm

M., S., icon., nr. D 52

102

VAN DEN EYNDE, A.J.A.

Grote trap in het paleis van Margareta van Oostenrijk.

Gewassen tekening met Oostindische inkt, 27 × 36,4 cm

M., S., icon., nr. 51

103

ANONIEM

Zicht op de grote trap in het paleis van Margareta van Oostenrijk.

Aquarel, 37,5 × 25 cm

M., S., icon., verz. Schoeffer, nr. 348

104

21/8/1523

Brief van Margareta, aartshertogin van Oostenrijk, aan de magistraat van Mechelen, met het verzoek zoveel mogelijk kanonniers te leveren.

Orig., pa.

M., S., lettres missives, nr. 499

105

1529

Afkondiging van de Vrede van Kamerijk, 3 augustus 1529, tussen Karel V en Frans I, koning van Frankrijk.

K., pa.

M., S., charters, nr. 1171

106

9/8/1529

Afkondiging van de Vrede van Kamerijk, 5 augustus 1529, tussen Karel V en Hendrik III, koning van Engeland.

K., pa.

M., S., charters, nr. 1172

107

Juli 1535

Bekrachtiging door Karel V van de *costuymen* van de stad Mechelen, herzien door de Grote Raad.

Orig., pe. met zegel

M., S., charters, nr. 369

108

6/10/1553

Brief van Maria van Hongarije aan de magistraat van Mechelen met opdracht vrijstelling van accijnzen toe te kennen aan Corneel Pastenaken, meester-gieter van de artillerie te Mechelen.

Orig., pa.

M., S., lettres missives, nr. 573

109

5/12/1577

Brief van Jan de Leeuw en Jeroom Leliebooms, pachters van de belasting op zijdelaken te Mechelen, aan de heer van Hames, met de vraag om via hem een goedkeuring te verkrijgen bij de Staten-Generaal voor een vrijgestelde hoeveelheid zijdelakens, bestemd voor aartshertog Matthias en zijn gevolg.

Orig., pa.

M., S., lettres missives, nr. 838

110

30/11/1593

Oorkonde van Filips II, waarin hij de magistraat van Mechelen laat weten dat hij aartshertog Ernst als gouverneur van de Nederlanden heeft aangesteld ter vervanging van de hertog van Parma, die overleden is.

Geaut. k.

M., S., A cartulaires S II 3, f° 40 v°

111

4/2/1594

Oorkonde waarin aartshertog Ernst aan de Mechelse magistraat zijn aanstelling als gouverneur bevestigt.

Geaut. k.

M., S., A. cartulaires S II 3, f° 41 r°

112

25/8/1598

Oorkonde van aartshertog Albrecht met de eed die hij in naam van de infante aflegde op 22/8/1598 voor de stad Mechelen, en de wederkerige eed van de stad.

Orig., pe. met zegel

M., S., charters, nr. 464

113

4/11/1598

Octrooi uitgevaardigd door kardinaal Andreas, gouverneur-generaal van de Nederlanden ad interim, waarin de stad Mechelen machtiging krijgt om een tiende penning te heffen op alle onroerende goederen en dit om de som bijeen te krijgen van 2.000 gulden 's maands, gedurende zes maand te betalen voor het onderhoud van het Rijnleger.

Orig. pe. met zegel

M., S., oktrooien, nr. 92

114

6/12/1599

Oorkonde van de aartshertogen Albrecht en Isabella met de eed die zij diezelfde dag aflegden en waarin de stad haar privilegies, rechten en costuymen waarvan zij sinds de troonsbestijging van Filips II genoot bevestigd krijgt, met de wederkerige eed van de inwoners der stad Mechelen.

Orig., pe.

M., S., charters, nr. 472

115

VAN DEN EYNDE, A.F.

Kopie naar J.-B. BERINCX

De Grote Raad in 1616 onder voorzitterschap van aartshertog Albrecht en de infante Isabella (college samengesteld uit 19 leden).

Tekening-aquarel, 47,5 × 26,5 cm

M., Museum Hof van Busleyden, nr. G/15

116

26/5/1616

Oorkonde van aartshertog Albrecht, met de Latijnse tekst van de eed die hij aflegde in naam van Filips III, aan de gedeputeerden van de stad en het district van Mechelen, met de wederkerige eed van deze laatsten.

Orig., pe. met zegel

M., S., charters, nr. 498

117

4/8/1621

Decreet van de infante Isabella, waarin vermeld wordt dat de onkosten die de magistraat moet maken in verband met de rouw voor aartshertog Albrecht, ten koste van de stad komen.

Orig., pa.

M., S., charters, nr. 507

118

30/9/1649

Oorkonde van Leopold-Willem, gouverneur-generaal van de Spaanse Nederlanden, met bevel aan alle legeroversten de goederen van Leliëndaal onder hun bijzondere bescherming te plaatsen.

Orig., pa.

M., S., fonds Leliëndaal, nr. 41

119

1655

Waarschuwing van aartshertog Leopold-Willem in verband met ordeverstoorders.

Orig., pa.

M., S., P.-J. VAN DOOREN, *Inventaire des archives de la ville de Malines*. Mechelen, 1876, dl. VI, p. 176, nieuw nr. 214/36

120

18/10/1717

Oorkonde van Christophe-Erneste de Baillet, heer van Reckinghe, voorzitter van de Grote Raad, met de eed die hij in naam van de keizer vóór de inwoners van Mechelen uitsprak en de eed door deze laatsten afgelegd.

Orig., pe. met zegel

M., S., charters, nr. 607

121

9/6/1730

Patent van keizer Karel VI met vergunning voor de stad Mechelen om een steenweg te bouwen tussen Leuven en Mechelen.
Hiertoe wordt haar de som van 30.000 gulden ter beschikking gesteld.

Orig., pe. met zegel

M., S., charters, nr. 1329

122

OPDEBEECK, A.

Plan van de Leuvense vaart.

Inscriptie: *Plan du canal de Louvain tracé sous le village de Battel au confluent, endroit dit vulgairement 'Het Sennegat'*

Gekleurde burijngravure, pa., 49 × 145 cm

M., S., icon., nr. 8211

123

3/7/1742

Decreet van Frederik, graaf van Harrach, met de vermelding dat de magistraat van Leuven, overeenkomstig het decreet van 14 december 1737, aan Mechelen het recht moet laten een openbare vervoerdienst tussen de twee steden te voorzien.

Orig., pa.

M., S., charters, nr. 1340

124

4/5/1744

Oorkonde van Eugeen-Jozef d'Olmen, baron van Poederlee, lid van de Raad van State en voorzitter van de Grote Raad, waarin de eed is uitgeschreven die hij in naam van Maria Theresia voor de stad Mechelen heeft gezworen met de wederkerige eed van de magistraat.

Orig., pe. met zegel

M., S., charters, nr. 608

125

10/3/1751

Octrooi waarin Karel van Lotharingen aan de stad Mechelen de toelating geeft haar totaal uitgeputte financiën aan te zuiveren door een heffing van indirecte belastingen op o.a. huizen, olijfolie, leer, zeep, bier, wijn...

Orig., pa.

M., S., oktrooien, nr. 174/326

126

22/1/1756

Patent van keizerin Maria-Theresia die aan de stad de toelating geeft een infanteriekazerne op te richten naast het convent der Alexianen.

Orig., pe. met zegel

M., S., charters, nr. 1346

127

ANONIEM

Plan van de infanteriekazerne 1756.

Gewone pentekening, 52,5 × 76 cm

M., S., icon., nr. C 8377

128

Plattegrond en doorsnede van de Oostenrijkse infan-

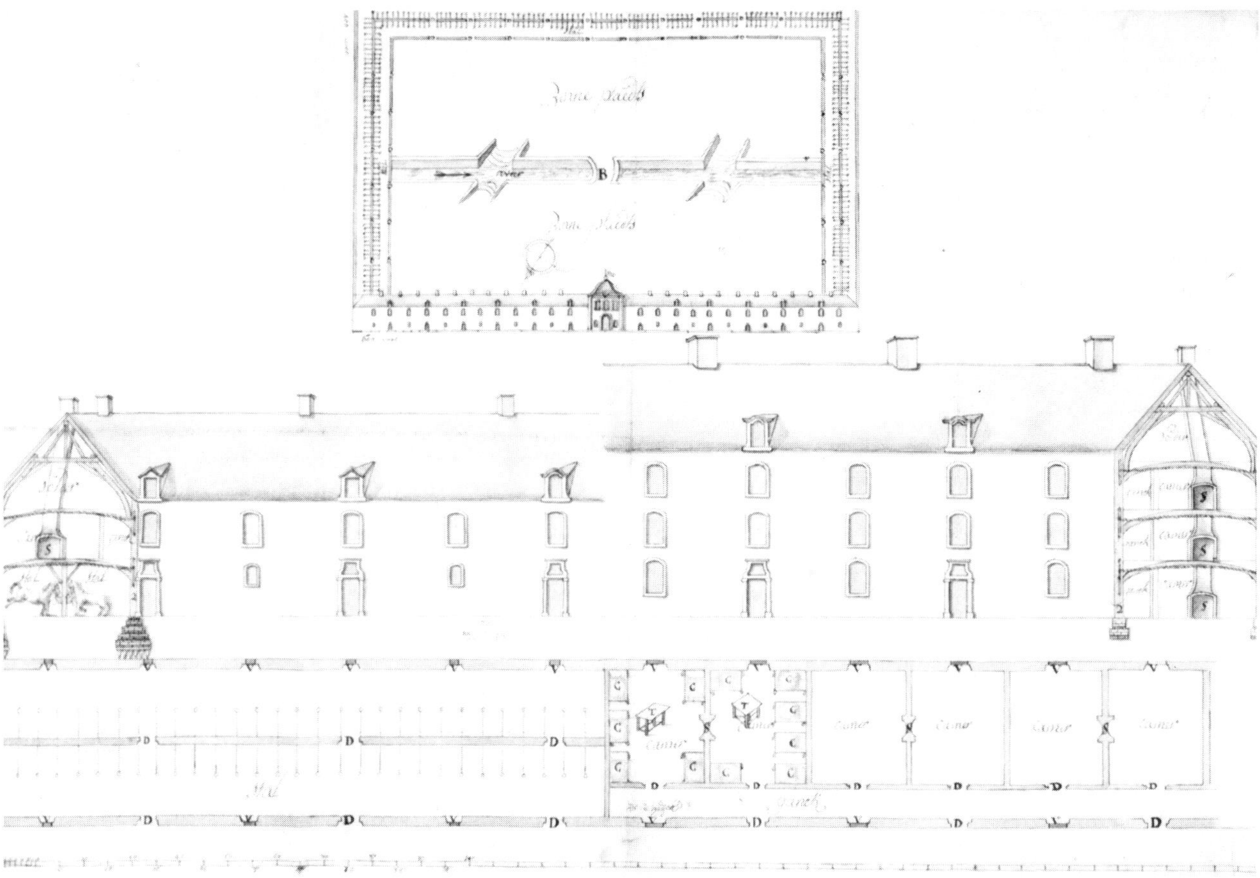

Cat. nr. 127

teriekazerne aan de Kerkhofstraat, uit *Atlas des bâtiments militaires de la ville de Malines* (± 1780)

F., Vincennes, Archives du Génie

129

4/5/1757

Octrooi van de graaf van Cobenzl, gevolmachtigd minister van keizerin Maria-Theresia voor de Nederlanden, waarin de stad Mechelen de vergunning krijgt een cavaleriekazerne te bouwen.

Orig., pa.

M., S., charters, nrs. 1348 en 1349

130

DELAING

Plattegrond en doorsnede van de cavaleriekazerne op het Berthoudersplein.

Gekleurde pentekening, 73 × 91 cm

M., S., bijlage bij charter nr. 1349

131

VAN DEN EYNDE, A.J.A.

De kazerne op het Berthoudersplein 1840.

Gewassen tekening met Oostindische inkt, 36,5 × 21,5 cm

M., S., icon., nr. D 64

132

VAN DEN EYNDE, A.F.

De cavaleriekazerne op het Berthoudersplein.

Aquarel, 37 × 28,5 cm

M., S., icon., verz. Schoeffer, nr. 473

133

Programma van het vuurwerk gegeven door generaal graaf de Ferraris dat op de Grote Markt werd ontstoken ter gelegenheid van het bezoek van Karel van Lotharingen, 2 augustus 1764.

Gedrukte publikatie

M., S.

134

Grondplan van de Oostenrijkse kanonboorderij langs de Dijle bij de Hanswijkpoort.

F., Wien, Österreichische Nationalbibliothek, Kartensammlung

135

Gezicht op interieur en werking van de Oostenrijkse kanonboorderij langs de Dijle met voorstelling van de diverse gebruikte boorkoppen.

F., Wien, Österreichische Nationalbibliothek, Kartensammlung

136

Inschrijvingslijst der ereleden bij de oprichting van de Akademie voor Schone Kunsten op 23 maart 1772 onder de speciale bescherming van Karel van Lotharingen.

Uit: *"Registre de l'Académie de Peinture, Sculpture et Architecture érigée en cette ville de Malines par Résolution du Magistrat du 23 Mars 1772..."*

M., S.

137

HERREYNS, W.F. & gebr. KLAUBER

Praalwagen met leden van het Habsburgse huis, o.a. Maria-Theresia en Jozef II.

Burijngravure uit het programmaboek van de Rumolduscavalcade a° 1775 door W.F. Herreyns ontworpen, 35 × 39,5 cm

M., S.

138

Overzicht van de uitgaven die de stad Mechelen deed ter gelegenheid van het diner, aangeboden aan Karel van Lotharingen in 1775.

M., S., Stadsrekening nr 449, f° 164 v° e. v.

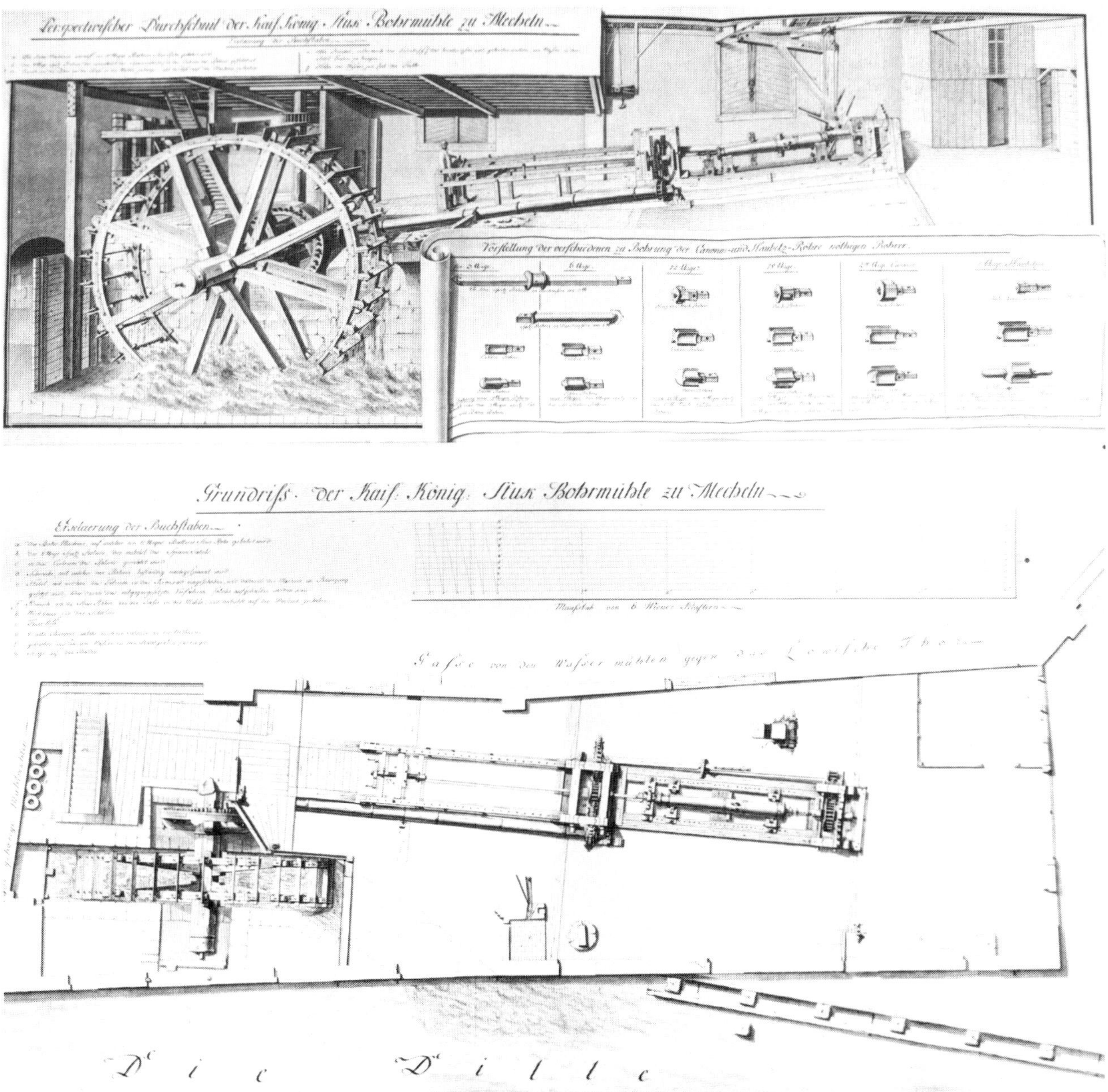

Cat. nr. 135

Cat. nr. 137

139

FERRARIS

Chorografische kaart van de Oostenrijkse Nederlanden.

Blad 1: Titelprent met legende.
Blad 8: Kaart van Brabant met de stad Mechelen.
Blad 16: Gravure van EISEN & PATAS waarin de kaart wordt overhandigd aan Jozef II.
Blad 17: Gravure van COCHIN & NICOLLET bij de aanduiding der schaalverdeling.

Anastatische herdrukken uit FERRARIS, *Carte Chorographique des Pays-Bas Autrichiens...*, 1777

140

ANONIEM

Doorsnede en plattegrond van de kanongieterij in de Oude Brusselstraat.

Inscriptie: *De Canon-gieterey te Mechelen*

18de eeuw.

Pentekening op papier, 29,8 × 47,1 cm

M., S., icon., nr. B 6361

141

DE NOTER, J.B.

Binnenzicht van de kanongieterij in de Oude Brusselstraat omstreeks 1835.

Aquarel, 37 × 23 cm

M., S., icon., verz. Schoeffer, nr. 364

142

VAN DEN EYNDE, A.J.A.

Gezicht op de binnenkoer van de kanongieterij.

Cat. nr. 142

Inscriptie: *Het Giethuys afgebroken 1837*

Gewassen tekening met Oostindische inkt, 34,5 × 22 cm

M., S., icon., nr. D 90

143

VAN DEN EYNDE, A.F.

Zicht op de voorgevel van het artilleriemagazijn in de Adegemstraat, door de Oostenrijkse troepen als arsenaal ingericht, in 1786.

Aquarel, 37 × 22,5 cm

M., S., icon., verz. Schoeffer, nr. 365

144

DE NOTER, J.B.

Binnenzicht van het arsenaal aan de Adegemstraat rond 1786.

Aquarel, 37 × 22,5 cm

M., S., icon., verz. Schoeffer, nr. 366

145

HERREYNS, W.F. & DANDELAU, N.

Portret van kardinaal de Frankenberg 1779.

Burijngravure, 34 × 48,5 cm

M., S., icon. nr. C 6636

146

20/8/1781

Oorkonde van Goswin de Fierlant, lid van de Raad van State en voorzitter van de Grote Raad, met de eed die hij in naam van keizer Jozef II uitsprak vóór de gedeputeerden van de stad, vrijheid en jurisdictie van Mechelen en de wederkerige eed van de magistraat.

Orig., pe. met zegel

M., S., charters, nr. 609

147

DREPPE, J., & LATOUR, C.F.

Allegorische voorstelling van de triomf der katholieke religie over het Seminarie-Generaal en van de vernietiging der goddeloze kerkvervolgers (aanhangers van Jozef II).

Burijngravure, 17,5 × 28,5 cm

Uit: *Recueil des représentations, protestations et réclamations faites à S.M.I. par les Représentans et Etats des dix provinces des Pays-Bas Autrichiens assemblés*, s.l., 1787-1790, dl VII, pl. I-II

148

DREPPE, J. & LATOUR, C.F.

De triomf van de Brabantse omwenteling.

Burijngravure, 17,5 × 28 cm

Uit: *Recueil des représentations, protestations et réclamations faites à S.M.I. par les Représentans et Etats des dix provinces des Pays-Bas Autrichiens assemblés*, s.l., 1787-1790, dl. VII, p. 153-154.

149

Vers à Monsieur Van der Noot

Ed. F. VAN DER ELST, Mechelen (1790)

150

30/3/1790

Oorkonde met aanstelling door keizer Leopold II voor de aartshertogen Maria-Christina van Oostenrijk en Albrecht-Casimir van Saxen-Teschen, als gouverneurs-generaal van de Nederlanden.
Geaut. k., pa.

M., S., charters, nrs. 1357 en 1359

151

30/11/1790

Patent van keizer Leopold II die de graaf van Mercy-Argenteau benoemt tot gevolmachtigd minister van de Oostenrijkse Nederlanden gedurende de afwezigheid van de regerende aartshertogen.

Gedrukte k., pa.

M., S., charters, nrs. 1357 en 1359

152

17/6/1791

Patent waarin Leopold II de graaf van Metternich benoemt tot gevolmachtigd minister in de Oostenrijkse Nederlanden.

IOANNES. HENRICUS.
S.R.E. CARDINALIS. A. FRANCKENBERG.
A PIO.VI.P.M. CALENDIS. IUNIIS. MDCCLXXVIII.
CREATUS.
ARCHIEPISCOPUS. MECHLINIENSIS. PRIMAS. BELGII.
IDIBUS.IULII. MDCCLIX. CONSECRATUS.
NATUS. Aº. MDCCXXVI.

Cat. nr. 145

Gedrukte k., pa.

M., S., charters, nr. 1361

153

13/8/1792

Oorkonde van Goswin de Fierlant, lid van de Raad van State en voorzitter van de Grote Raad, met de wederkerig gezworen eden door hem, in naam van keizer Frans II en van de gedeputeerden van Mechelen.

Orig., pe. met zegel

M., S., charters, nr. 610

154

17/3/1793

Patent van keizer Frans II waarin hij aartshertog Karel van Oostenrijk benoemt tot gouverneur-generaal van de Oostenrijkse Nederlanden.

Gedrukte k., pa.

M., S., charters, nrs. 1362 en 1363

AFDELING TROONZAAL
MARGARETA VAN OOSTENRIJK

"BINNENHUIS VAN GOTIEK NAAR RENAISSANCE"

Gezien het opzet van dit tentoonstellingsgedeelte, nl. een sfeerbeeld te geven van de verfijnde woon- en leefcultuur tijdens de eerste Habsburgse tijd, werd de catalogus vulgariserend opgevat. Bij de catalogusnota's is slechts de voornaamste bron of literatuur opgegeven. Verdere gegevens zijn veelal terug te vinden in vermelde literatuur.

Voor waardevolle adviezen en praktische hulp zijn wij voornamelijk dank verschuldigd aan: dhr. R. De Roo, ere-hoofdconservator Kon. Musea Kunst en Geschiedenis Brussel; mevr. Gh. Derveaux-Van Ussel, ere-afdelingshoofd Kon. Musea Kunst en Geschiedenis Brussel; dhr. E. Denekens, architect Stedelijke Dienst Monumentenzorg; dhr. A. Monballieu, ere-conservator Kon. Museum voor Schone Kunsten Antwerpen; dhr. S. Vandenberghe, adjunct-conservator Stedelijke Musea Brugge.

ONROERENDE INTERIEURELEMENTEN

155

TWEE PANELEN

Fragmenten van een origineel wandbeschot of schutsel uit het Paleis van Margareta van Oostenrijk.
De vergulde initialen van Margareta zijn aangebracht op een gepolychromeerde achtergrond met ruitmotief. Deze panelen bewijzen dat ook eiken interieurelementen afgewerkt werden met een schilderlaag.
In dit verband vermelden we de stadsrekeningen van 1517-18 omtrent de afwerking van het Paleis. De decoratieschilders Jan van Battel en Pauwel Tuback werden betaald voor het schilderen van deuren en ramen (binnen en buiten) in het groen en van sommige kamers in blauwe en gele damast; het plafond kreeg een versiering met een vergulde Margriet en een letter A.

Mechelen, 1ste kwart 16de eeuw, eik, verguld en gepolychromeerd, 152 × 35 × 6,5 cm

Mechelen, Gerechtshof

156

a *FRAGMENT GOUDLEREN WANDBEKLEDING MET HET WAPEN VAN MARGARETA VAN OOSTENRIJK*

Zowel de dubbele rijksadelaar met kroon als de centrale bloem (een margriet?) zijn verwijzingen naar Margareta van Oostenrijk.
Vermoedelijk herkomstig uit de voormalige St.-Petrus-en-Pauluskerk te Mechelen die in verbinding stond met het Paleis van Margareta.

Mechelen, ca 1527-1530, goudleer, 52 × 61 cm

Mechelen, Stedelijk Museum De Zalm

b *FRAGMENT GOUDLEREN WANDBEKLEDING MET MONOGRAM VAN "DE ZOETE NAAM"*

Het IHS-monogram is karakteristiek voor de devotie van de "Zoete Naam", die in de 15de eeuw verspreiding vond. Een dergelijke broederschap was ook gevestigd in de kerk van St.-Petrus-en-Paulus te Mechelen, waar "la chapelle du nom de Jésus" op 25 april 1527 gewijd werd.
Margareta van Oostenrijk, wiens Paleis in de onmiddellijke omgeving lag, was er de stichtster van. De aanwezigheid van motieven als de adelaar, de margriet (?) en de attributen van de Zoete Naam wijzen erop dat dit goudleer afkomstig is uit deze kapel.
Sommige delen van de beschildering, zoals de tulp (die in onze gewesten pas ingevoerd werd in de 2de helft van de 16de eeuw), blijken het gevolg te zijn van een latere restauratie.

Mechelen, ca 1527-1530, goudleer, 52 × 61 cm

Mechelen, Stedelijk Museum Hof van Busleyden, inv. nr. L 1

Deze twee bladen goudleer zijn de vroegste voorbeelden die bewaard bleven. Waarschijnlijk werden ze vervaardigd te Mechelen, waar trouwens de vroegst gekende goudleermaker, Valentijn Klee (1511) werkzaam was.
Beide goudleerbladen horen qua stijl en techniek volledig samen. Zo zijn de engelen met de kroon, evenals de twee bloemmotieven volledig identisch. Zij werden met dezelfde ijzers gepikeerd. Ook de adelaar stemt qua vorm volledig overeen, alleen werd hij op het ene blad volledig uitgewerkt, terwijl op het andere grote delen door het IHS-monogram bedekt zijn.
Beide goudleerbladen zouden van dezelfde wandversiering afkomstig zijn, daar naast de besproken decoratie ook hun afmetingen bij elkaar aansluiten.

Met dank aan lic. C. Monballieu voor de gegevens.

157

POORTSLOT

Dit gotisch slot is afkomstig van de hoofdingang van het "Hof van Busleyden". Het is versierd met gotisch maaswerk en pinakels.

Begin 16de eeuw, ijzer, 25 × 34,5 cm

Lit.: Cat. Museum voor Kunstambachten"De Zalm", 1976, p. 28

Mechelen, Stedelijk Museum De Zalm, inv. nr. 11/IJzer

158

VIJF GLASMEDAILLONS

De vijf ronde glasramen zijn gevat in een paneel. De glasmedaillons a) b) c) en d) werden beschilderd met bruine en zilvergele email, medaillon e) met grijze en zwarte email.

a) Stelt de Blijde Inkomst van een prins voor. Op de trompetwimpels bevinden zich drie maansikkels op een kruis.
   ∅ 23 cm

b) Een prins te paard, vergezeld van een dienaar te voet wordt door een man en een vrouw ontvangen.
   ∅ 22 cm

c) Blijde Inkomst van een prins die de hand reikt aan een geknielde man. Zij worden door een menigte omringd. Op het balkon 4 muzikanten.
∅ 22 cm

d) Een edelman te paard, vergezeld van een dame op een muilezel en van een hond, en voorafgegaan door een knecht, begeeft zich in de richting van een kasteel.
∅ 22 cm

e) Een prinses zit aan de feesttafel met aan beide zijden twee heren. Rechts brengt een dienaar een schotel aan, terwijl links een page een kruik in een andere overgiet. Op de achtergrond een keukeninterieur. Op het voorplan wordt een vrouw die bewusteloos dreigt te vallen, door twee dienaren ondersteund.
∅ 22 cm

Begin 16de eeuw, glasraam in paneel, 116,5 × 80,5 cm (met raam)

Lit.: Cat. *Festival van Vlaanderen*, Mechelen, 1980, nr. 53

Brussel, Koninklijke Musea voor Kunst en Geschiedenis, inv. nr. 36, 569 A, 569 B, 571, 681

159

HAARDTEGEL MET HET WAPEN VAN KAREL V

De haardtegel is versierd met Herculeszuilen en griffioenen en draagt de wapenspreuk van Keizer Karel, "Plus Oltre".

1534 of 1554, tegel, 20 × 33 cm

Lit.: Cat. tent. *Keizer Karel*, Gent, 1955, nr. 489b

Brussel, Koninklijke Musea voor Kunst en Geschiedenis, inv. nr. V.D.P. 698

160

TEGEL

Veelkleurige vierkante tegel met letter A.
Majolica tegels werden in de 16de eeuw niet alleen als wand- maar ook (in mindere mate) als vloerbekleding aangewend.
Vooral Antwerpen speelde een vooraanstaande rol bij de opkomst en bloei van de Nederlandse majolica.

Antwerpen, midden 16de eeuw, majolica 13,5 cm

Antwerpen, Museum Vleeshuis, inv. nr. 22 A 43

MEUBILAIR

161

KOFFER

De koffer is het oudste bergmeubeltype. Koffers bestonden in alle formaten en ze dienden niet alleen om kleren in te bergen, maar ook huisraad, linnen, dekens, kussens, wapens, enz.
Aan de voorzijde is deze zogenaamde Bourgondische koffer voorzien van vier gesculpteerde panelen, gevat tussen stijl- en regelwerk. Tussen boogmotieven en het laat-gotische rankwerk komt op elk paneel een embleem voor, nl. van het pausdom (tiara en sleutels), het Duitse Keizerrijk (tweekoppige adelaar), Bourgondië (vuurslag) en het Franse Rijk (lelies). De drie tussenstijlen zijn eveneens rijk versierd: op de middenste stijl komt nog een wapenschild voor met een lelie. In het bovenste register van de vier panelen zijn ranken en druiventrossen als een rijk maaswerk uitgewerkt.

Zuidelijke Nederlanden, einde 15de eeuw, met vernieuwde zijpanelen, eik, 83 × 165 × 70 cm

Lit.: Cat. tent. *Een hart voor mensen, 300 jaar hospitaalzusters te Aalst*, Aalst, 1986, nr. 182

Aalst, Hospitaalzusters-Augustinessen

162

DRESSOIR

Het dressoir (dressoor) of buffet is eigenlijk een koffer op een verhoogd onderstel.
De benaming zou afkomstig zijn van het Franse "dresser" en zo zou het meubel een soort aanrecht zijn, tenzij de term afstamt van het Latijnse "trisorium" (schat).
Dergelijke pronkmeubelen zijn vaak met mooi textiel bekleed, waarop waardevol vaatwerk werd uitgestald. Op het vloertje van een dressoir of op het dekblad van zijn bergruimte werden soms een kan en een waterbekken geplaatst, nodig om de handen te wassen na de maaltijd die met de vingers gebruikt werd[1].
Dit dressoir werd in de 2de helft van de 19de eeuw grondig "gerestaureerd"; alleen de paneeltjes in het front lijken nog origineel te zijn. Ongetwijfeld werd een oorspronkelijk model vrij getrouw nagemaakt.
Het rechthoekig bovenkastje heeft drie maaswerkpanelen, waarvan het middenste, dienstig als deurtje, voorzien is van een slotplaat en twee (vernieuwde) hengsels.
Op de zijpanelen is respectievelijk een Jezus- en een Mariamonogram uitgewerkt.
Het middenpaneel (deurtje) vertoont een Bourgondische vuurslag, kei en vlammen.
Onder het kastje is een brede lade geschoven, versierd

met gekopiëerd maaswerk. De vier stijlen, verbonden met een vloertje onderaan, zijn eveneens van latere datum.

Zuidelijke Nederlanden, 15de en 2de helft van de 19de eeuw, eik, 134 × 99 × 56 cm

Lit. : Cat. tent. *Een hart voor mensen, 300 jaar hospitaalzusters te Aalst*, Aalst, 1986, nr. 184

Aalst, Hospitaalzusters-Augustinessen

---

1 G. Derveaux-Van Ussel, *Meubelen, 1. Gotiek, Renaissance, Barok, Museumgids van de Koninklijke Musea voor Kunst en Geschiedenis*, Brussel, 1981, p. 6

163

KLAPWANGTAFEL

Type van een Vlaamse gotische wangtafel met klapblad uit 15de-16de eeuw. Pas in de 2de helft van de 16de eeuw wordt de eettafel een vaststaand meubel. Voordien waren de meest voorkomende types: de schragen- en de klaptafel.
Dit is een grondig gerestaureerd exemplaar of zelfs mogelijk een totaal hermaakte tafel naar oud model. Twee sledevoeten, waarop twee wangen slechts van één kant uitgesneden en met opengewerkte tussenregel verbonden zijn. Een gelijkaardige tafel is afgebeeld op de Laatste-Avondmaalpolyptiek van Dirk Bouts, in de Leuvense Sint-Pieterskerk.

Zuidelijke Nederlanden, 15de-16de eeuws model, eik, 85 × 88 × 75 cm

Lit. : Cat. tent. *Een hart voor mensen, 300 jaar hospitaalzusters te Aalst*, Aalst, 1986, nr. 191

Aalst, Hospitaalzusters-Augustinessen

164

WANGENTAFEL

Gotische tafel gekenmerkt door twee wangen die rusten op sleevoeten. De wangen zijn verbonden door een rechte onversierde dwarsregel die door een uitgespaarde opening in de wangen gaat en opgesloten is met een houten pen.
Bovenaan is een vaste bak gemaakt die dienst doet als lade. De vier planken van de bak zijn met elkaar verbonden door zwaluwstaart-verbindingen en hebben rondom een uitspringende profiellijst.
Het blad bestaat uit twee massieve planken die vastgemaakt zijn op twee balkjes links en rechts van de bak. Deze balkjes zijn met twee scharnieren vastgezet aan de bak, waardoor het blad kan omhooggeheven worden. Onder de bak zijn in de binnenkant van de wangen twee gleuven uitgespaard wat er kan op wijzen dat op die plaats een schuiflade heeft gezeten (vermoedelijk later aangebracht).
Dit meubeltype heeft Zwitserland, Oostenrijk of Zuid-Duitsland als streek van herkomst.

ca 1500, eikehout, 71 × 120 × 94 cm

Lit. : Cat. tent. *Gotische meubels, meubelfragmenten en textiel uit eigen verzamelingen*, Gent, 1982, p. 31

Gent, Museum voor Sierkunst, inv. nr. 1990

165

BANKJE

De twee schuinstaande wangen zijn onderaan verbonden door twee opgeklampte regels. De twee regels onder de zitplank hebben een eenvoudige laatgotische accolade-boogvormige uitsnijding, welke we ook bij de wangen opmerken.

Zuidelijke Nederlanden, ca 1500 (?) met herstellingen, eik, H. 54,5 cm

Lit. : Cat. tent. *De gedekte tafel vroeger en nu*, Deurne, 1964, nr. 9

Brussel, Koninklijke Musea voor Kunst en Geschiedenis, inv. nr. V.68

166

KNIELBANKJE

Dit zogenaamd "cniebencksken" of "schabel" heeft een vlakke armsteun met geprofileerde rand. De twee wangen zijn onderaan verbonden door 2 regels en een aan de voorzijde uitstekende knieplank. De brede regels onder de leuning dragen gotische opschriften: "Maria" (vooraan) en "Jhezus" (achteraan).
Dergelijke godsdienstige opschriften tonen aan hoe zelfs de versiering van huiselijk meubilair in de late middeleeuwen een religieuze inslag kon hebben.

Vlaanderen, begin 16de en 19de eeuw, eik, 61 × 51,5 × 29 cm

Lit. : Cat. tent. *Thuis in de late middeleeuwen. Het Nederlands burgerinterieur 1400-1535*, Zwolle, 1980, p. 111, nr. 67
S. Vandenberghe, *Gruuthusemuseum Brugge. Een Overzicht*, Brugge-Genève, 1984, p. 25

Brugge, Gruuthusemuseum, inv. nr. 0.66.VII

167

TWEEDEURSKAST

Illustreert duidelijk de gebruikelijke constructiewijze van de gotische meubels, nl. de skeletbouw: een skelet van stijlen en regels die met een pen- en gatverbinding worden samengevoegd. In dit skeletraam worden versierde panelen aangebracht door middel van een tand- en groefsysteem. Het dak is gekenmerkt door een geprofileerde kroonlijst.
Deze kast heeft twee deuren, elk voorzien van twee maal drie panelen met de bekende gotische briefvul-

ling. De panelen van de zijkanten zijn onversierd. De deuren zijn opgehangen aan accoladevormige smeedijzeren hengsels.
Enkele onderdelen zoals de slaglijst en de drie panelen rechts onderaan zijn vernieuwd.

Zuidelijke Nederlanden, 15de-16de eeuw, met herstellingen, eik, 152 × 191 × 76 cm

Mechelen, O.C.M.W., inv. nr. M66

168

KAST

Dit kastje bestaat uit twee registers gescheiden door twee laden. De onderkast heeft een centraal deurtje en twee vaste panelen; de bovenkast is voorzien van twee deurtjes en een vast paneel in het midden. Deze panelen zijn versierd met de typisch gotische x-vormen, waartussen bladwerk en druiventrossen.
Beide zijkanten hebben twee maal twee briefpanelen gescheiden door een horizontaal briefpaneel.
De kap is versierd met een sterk geprofileerde lijst.

Zuidelijke Nederlanden, 1ste helft 16de eeuw en 19de eeuw, eik, 146 × 124 × 55 cm

Mechelen, Stadhuis

169

KASTJE

Laat-gotisch kastje, zogenaamd van de Grote Raad. Drie gesculpteerde paneeltjes in het front: één vast briefpaneel tussen twee deurtjes met telkens twee hengsels en een grendelslot. Het linkerdeurtje is versierd met de Bourgondische vuurslag en een veld van margrieten. Op het rechterdeurtje is eveneens een vuurslag uitgewerkt en de letters "C M" (Consilium Magnum of Carolus et Margareta).

Mechelen (?), einde 15de eeuw met herstellingen uit de 19de eeuw, eik, 77 × 100 × 38 cm

Lit.: Cat. tent. *500 Jaar Grote Raad*, Mechelen, 1973, nr. 262

Mechelen, Stedelijk Museum Hof van Busleyden

170

KASTDEUR

Drie × twee panelen zijn met tand- en groef ingewerkt in een skeletraam van posten en stijlen.
Deze panelen hebben typische laat-gotische motieven, nl. de X-vorm of lederversiering.
X-vormen, druiventrossen en bladwerk zijn uit de volle dikte van het paneel gesneden.

Zuidelijke Nederlanden, einde 15de begin 16de eeuw, eik, 167 × 67 cm

Antwerpen, O.C.M.W.-museum Maagdenhuis

Cat. nr. 166

DIVERSE GEBRUIKSVOORWERPEN

171

MAXIMILIAANSBEKER

Pronkbeker met deksel bekend als "Maximilianspokal". Dit meesterstuk illustreert prachtig de overgang van laat-gotiek naar vroeg-renaissance in de edelsmeedkunst. Zijn basisvorm sluit nog aan bij het laat-gotische type met kelkvormige cuppa. De versiering is echter vroeg-renaissance. De gedreven ornamenten, die in de gotische periode volledig abstract waren, zijn hier duidelijk geëvolueerd naar een vorm geïnspireerd op de natuur, nl. de peer. Deze peermotieven vinden we terug op de voet, de cuppa en het deksel. De dekselknoop bestaat uit twee onregelmatige distelbloemen. Aan de binnenkant van het deksel zijn het keizerlijke wapen en dat van Bourgondië geëmailleerd. Dit is een argument ten voordele van de theorie die zegt dat deze beker behoorde tot de bezittingen van Maximiliaan I.
Deze beker werd vermoedelijk door een Nürnbergse edelsmid vervaardigd. Nürnberg en Augsburg waren in de 16de eeuw de centra bij uitstek die de zilverproduktie in West-Europa hebben beïnvloed.

Nürnberg (?), ca 1510, gedeeltelijk verguld zilver, H. 56 cm

Lit.: Cat. *Sammlung für Plastik- und Kunstgewerbe, Kunsthistorisches Museum*, 1966, nr. 267

Wien, Kunsthistorisches Museum, Sammlung für Plastik und Kunstgewerbe, inv. nr. 110

172

MEESTER M.

DRINKSCHAAL OP VOET

Evenals de zogenaamde pronkbeker met deksel behoorde de drinkschaal op voet tot het pronkgerei van een rijk interieur uit de 16de eeuw. Het hier getoonde kunstwerk is één van de oudst bekende voorbeelden van dit type, dat door tijdgenoten "copschale" en sinds de 19de eeuw "tazza" werd genoemd. Deze drinkschaal heeft een ronde oplopende voet onder en boven geprofileerd waartussen een brede acanthusfries op een gestippelde grond, een ronde licht ingesnoerde stam met gladde middenring tussen twee gestileerde bladkelken op een gestippelde grond.
De erg vlakke schaal is over het hele oppervlak in een regelmatig golvenmotief in hoogreliëf gedreven, met een parelrand afgelijnd en door een uitstaande mondrand afgezoomd. Op deze rand is een gekroonde gotische letter "I" of "J" gegraveerd als eigendominitiaal. De buitenrand heeft volgende oorspronkelijke merktekens: de stadskeur van Antwerpen, de jaarletter gotische "P" in schild voor 1548-49 en het meesterteken "M".
Hierbij is te vermelden dat Antwerpen in de 16de eeuw het toonaangevende edelsmeedcentrum van de Zuidelijke Nederlanden was.

Antwerpen, 1548-1549, verguld zilver, H. 10 cm, ∅ voet 11,2 cm ∅ schaal 19,5 cm

Lit.: A.M. Claessens-Peré, *Catalogus edelsmeedkunst, Provinciale Musea Antwerpen*, Antwerpen, 1983, p. 14 nr. 4

Deurne-Antwerpen, Provinciaal Museum voor Kunstambachten Sterckshof, inv. nr. S 79/356

173

LEPEL MET ST.-CHRISTOFFEL

Prachtige laat-gotische lepel met steel in de vorm van een figuur. De ronde bak loopt spits toe naar de steel bstaande uit een bladwerkkapiteel waarop een St.-Christoffelfiguur. Op de binnenzijde van de bak is een Maria met kind en schriftrol gegraveerd.

Duitssprekend gebied, einde 15de eeuw, zilver: gedreven, gegraveerd en verguld, L. 15,5 cm

Wien, Österreichisches Museum für angewandte Kunst, inv. nr. KHM 432

174

LEPEL

Laat-gotische lepel: ronde bak toegespitst naar kantige steel met staande O.-L.-Vrouw met kind op het uiteinde.

Zuidelijke Nederlanden, 15de-16de eeuw, geelkoper, 12,8 × 4,8 cm

Brugge, Guuthusemuseum, inv. nr. 0.261.XI

175

MES

Nederlanden, ijzer en gedraaide hertshoorn, 15de-16de eeuw, L. 22,8 cm

Brugge, Gruuthusemuseum, inv. nr 0.23.XXVII

176

GLAZEN

5 zeldzame intakte glazen van verschillende vorm uit 15de-16de eeuw:

a. *Krautstrunk of koolstronk*
   Type met een tonvormig lichaam versierd met noppen, een concave bovenrand en een voet, hier met geknepen kartelrand

   Groen glas

b. *Ribbenbeker*
Konische beker onderaan versierd met ribben

Blauw-groen glas

c. *Beker*
Tonvormig lichaam met noppen versierd

Blauw glas

d. *Beker*
Bolvormig lichaam met noppen op een standring; concave bovenrand

Groen glas

e. *Roemer*
Type gegroeid uit de konische bekervorm. Cylindrische voet met noppen versierd op standring en kogelvormige effen cuppa

Groen glas

Wien, Österreichisches Museum für angewandte Kunst, inv. nrs. Ge 393, F 134, F 146, F 260, F 135

Cat. nr. 176 e

Cat. nr. 173

177

PAPKOM

Half bolvormige kom op kleine standring, voorzien van twee liggende gelobde grepen met ronde opening. In het plat: voorstelling van Maria met kind in een stralenkrans, omsloten door een aantal cirkels. Op de binnenwelving: zigzaglijn met driehoekvullingen tussen doorlopende lijnen of cirkels. Op de grepen: ruitvormig netwerk.

Antwerpen, ca 1560, gepolychromeerd plateel met volgende kleuren: blauw, groen, bruin en geel, H. 7 cm, L. over de oren 24 cm

Lit.: Cat. tent. *De gedekte tafel vroeger en nu*, Deurne, 1964, nr. 270

Antwerpen, O.C.M.W.-museum Maagdenhuis

178

SCHENKKAN

Laat-gotisch type met hoge voet op brede voetschijf; de sferische buik vernauwt tot een hoge smalle hals met bredere kraag; het gewelfd deksel is bekroond met een kruisbloem. Het handvat heeft de vorm van een draak; vooraan een zittende leeuw als giettuit.

Zuidelijke Nederlanden, ca 1500, gegoten geelkoper, H. 28 cm

Lit.: Cat. tent. *Koper en Brons*, Antwerpen-Brussel, 1957, nr. 389

Brussel, Koninklijke Musea voor Kunst en Geschiedenis, inv. nr. V.2349 A

Cat. nr. 178

179

LAVABO

Bolvormig keteltje met uitstaande rand, twee giettuiten uitlopend op een dierekop en hengsel verfraaid met twee vrouwekopjes.
Een dergelijk karakteristiek lavaboketeltje ontbrak in geen enkele gothische kamer blijkens de geschilderde getuigenissen uit die tijd. Het werd in een nis aan een hengsel opgehangen en eronder plaatste men een bekken.

Vlaanderen, 16de eeuw (?), messing, 12,5 × 16 cm

Lit.: V. VERMEERSCH, *Gids Gruuthuse*, Brugge, 1973, p. 27, nr. 835

Brugge, Gruuthusemuseum, inv. nr. 0.203.XI

180

BEKKEN

Dit type van schotels noemt men gewoonlijk doopschotels, omdat het gebruik ervan oorspronkelijk kerkelijk was. Ze werden ook wel offerandeschotel, wasbekken of lavenbecken genoemd. In de kerk werd de doopschotel vanzelfsprekend vooral aangewend bij het doopsel onder een lavabo of watervat. Verder ook om er de giften tijdens de offerande op neer te leggen of tijdens de voetwassing op Witte Donderdag. In het burgerlijk leven gebruikte men de zogenaamde doopschotel bij het wassen samen met een lavabo of schenkkan en een handdoekrek. Soms diende ze gewoon als wandversiering (vooral in Italië).
Dit bekken heeft een smalle buitenboord en een bodem versierd met de voorstelling van Adam en Eva bij de Boom des Levens met de slang.
In de boordovergang, tussen de buitenboord en de bodem, komen godrons voor, dit zijn zwenkende holle plooien.

Nürnberg, begin 16de eeuw, gedreven geelkoper, ∅ 26,3 cm, D. 5,5 cm

Lit.: I. VAN CANNEYT en A. VERSCHAEVE, *Vlaams Koper en Brons*, Brugge, 1983

Deurne, Provinciaal Museum voor Kunstambachten Sterckshof, inv. nr. S 59/27

181

TAFELSCHEL

Bovenaan is een opschrift aangebracht in gemengde gotische en Romeinse hoofdletters: "LOFT GODE VAN AL", met daaronder een typische Renaissance fries met guirlande motieven van naar elkaar toegewende kolven waarrond slangen kronkelen, aangevuld met bloemvormige versieringen, runderschedels en schilden.
Rondom de onderrand werd in gotische hoofdletters de datering aangebracht: "GHEGOTEN INT IAER MDLI". Verder nog een salamander en zones van lijstjes. De greep heeft de vorm van twee ruggelings staande putti.

Mechelen, 1551, brons, H. 7 cm, ∅ 7,5 cm

Lit.: Cat. *Oudheidkundige musea Vleeshuis, Koper en Brons*, Antwerpen, s.d., nr. 450

Antwerpen, Museum Vleeshuis, inv. nr. 5190

182

VAN DEN GHEIN I, Petrus

VIJZEL

Tot op het einde van de 17de eeuw werden de meeste vijzels gegoten uit hetzelfde materiaal als klokken, en de vervaardiging ervan lag dan ook in handen van de klokkengieter. De leden van het beroemde geslacht

der Mechelse klokkengieters, de Van den Ghein's, droegen gedurende 2 eeuwen bij tot de grote bloei van Mechelen als centrum van de klokkengieterij (begin 16de-eind 17de eeuw). Lang voordat de vijzel in de apotheek is gekomen werd hij, zij het dan in klein formaat, in de huishouding gebruikt voor het fijnmaken van o.m. keukenkruiden.
Deze vijzel in omgekeerde klokvorm en met geprofileerde voetplint wordt beschouwd als het klassiek model der Zuidelijke Nederlanden. Het is één van de zeldzame vijzels van de Mechelse gieterijen, die voorzien is van twee handgrepen (onder de vorm van twee wolfskoppen). Op de kraag bevindt zich een opschrift in reliëf: "Peeter van den Ghein (I) me fecit 1532".

1532, brons, H. 12 cm, ∅ 16 cm

Lit.: Cat. tent. *Mechelen en de Farmacie*, Mechelen, 1962, p. 283

Mechelen, Stedelijk Museum De Zalm, inv. nr. 7/Koper en brons

183

ZALFPOT

Platte albarello of zalfpot met gele kern en glanzend tinglazuur. De beschildering in blauw en oker bestaat uit concentrische lijnen met daartussen driehoekige penseelornamenten.

Antwerpen, midden 16de eeuw, majolica, H. 9,8 cm, ∅ basis 15,5 cm, ∅ rand 15,7 cm

Mechelen, Mechelse Vereniging voor Archeologie

184

HUISKANDELAAR

Laat-gotisch type. De hoge holrond geprofileerde voet heeft bovenaan een uitkragende boord als vetvanger. Bovenaan de cylindrische stam met vijf schijfvormige knopen bevindt zich een hulsvormige kaarsenhouder met twee rechthoekige lekgaten. De versiering bestaat uit rillen en smalle lijstjes.

Zuidelijke Nederlanden (Mechelen?), begin 16de eeuw, gegoten geelkoper, ∅ basis 14,5 cm, H. 30 cm

Lit.: Cat. *Oudheidkundige musea Vleeshuis, Koper en Brons*, Antwerpen, s.d., nr. 42

Antwerpen, Museum Vleeshuis, inv. nr. 1798

185

KANDELAAR

Pinkandelaar opgebouwd uit vier afzonderlijke delen die zo aan elkaar zijn bevestigd dat de naden vrijwel onzichtbaar zijn.
De duidelijke horizontale geledingen en onderlinge verhoudingen laten een datering in het midden van de 16de eeuw toe.
Mogelijke keurstempel op het onderste deel van de balusterschacht.

Zuidelijke Nederlanden (Mechelen?), 16de eeuw, brons, H. 34 cm (met kaarspin), ∅ basis 11,5 cm, ∅ vetschaal 10 cm

Mechelen, Mechelse Vereniging voor Archeologie

186

KAARSENKROON

Mooi voorbeeld van een laat-gotische kroonluchter, waarmee rijke binnenhuizen en bidplaatsen verlicht werden.
Rondom de centrale gelede stam zijn twee rijen lichtarmen bevestigd. De armen (2 × 8) zijn S-vormige takken met wingerdblaadjes en druiventrossen. De vetvangers hebben een opengewerkte onderrand met hartmotiefjes. Ook de zeskantige kaarsenhulzen zijn opengewerkt. De stam heeft onderaan een leeuwekop met ring, die het neertrekken en ophalen van de luchter vergemakkelijkt bij het vervangen, aansteken en doven van de kaarsen. Bovenaan prijkt een madonna met kind in een stralenkrans of mandorla.

Zuidelijke Nederlanden, ca 1500, gegoten geelkoper, H. 94 cm

Lit.: V. VERMEERSCH, *Gotische Kaarsenkroon in Brugges kunstbezit*, I, Brugge, 1969, p. 123-124

Brugge, Musea-OCMW - Memlingmuseum Sint-Janshospitaal, inv. nr. 0.SJ765.XI

187

HAARDPLAAT

Twee personages zijn rechtopstaand naar elkaar gekeerd afgebeeld. Links een geklede vrouw, rechts een naakte vrouw met op de achtergrond een saterfiguur.

Zuidelijke Nederlanden, 16de eeuw, gegoten ijzer, 74 × 59 cm

Lit.: Cat. tent. *Margareta van Oostenrijk en haar Hof*, Mechelen, 1958, nr. 240

Mechelen, Stedelijk Museum Hof van Busleyden

188

KOFFERTJE

Documentenkistje voorzien van 3 sloten.

Zuidelijke Nederlanden, begin 16de eeuw, ijzer, 20 × 13 × 7 cm

Lit.: Cat. *Museum der Kunstambachten De Zalm*, 1976, p. 28

Mechelen, Stedelijk Museum De Zalm

Cat. nr. 186

189

KISTJE

Rechthoekig kistje bekleed met leer voorzien van rankmotieven.

Brugge, ± 1500, hout en leer, 25 × 18 × 12 cm

Antwerpen, Museum Vleeshuis, cat. nr. 3161

190

KOFFERTJE

Het koffertje is bekleed met leer en ijzerbeslag, heeft een rond deksel en het behoorde waarschijnlijk toe aan de hellebaardiers die er belangrijke documenten in bewaarden.

Zuidelijke Nederlanden, 15de-16de eeuw, hout, leer, ijzer, 22,5 × 34 × 20,5 cm

Lit.: Cat. tent. *Margareta van Oostenrijk en haar Hof*, Mechelen, 1958, nr. 233

Mechelen, Stedelijk Museum Hof van Busleyden

191

KISTJE

Rechthoekig kistje bekleed met leer met plantaardige en rankmotieven. Zilveren slot en beslag bestaande uit banden en rozetjes; hengsel midden op het deksel. Dergelijke kistjes werden gebruikt voor het opbergen van kostbaarheden zoals juwelen.

Oostenrijk (?), 16de eeuw, leer en zilverbeslag, 10,5 × 7,5 × 5,5 cm

Wien, Österreichisches Museum für angewandte Kunst, inv. nr. KHM 413

192

BIDSNOER

Alle parels van het snoer zijn in goudfiligraan vervaardigd met op een geëmailleerd middenbandje het opschrift: "AMOR. OMNIA. VINCIT", bij de kleine bolletjes op donkerblauw email, bij de paternosterbollen op wit email. Tussen elke filigraanparel bevindt zich een fijne goudparel. Het snoer is afgewerkt met een rijk versierde kwast, die bestaat uit talrijke gouden kettinkjes, eindigend in een bewerkt gouden pareltje (verschillende ontbreken). Boven op de kwast bevinden zich groen en blauw geëmailleerde krulmotieven en nog hoger een blauw satijnen strikje.
Oorspronkelijk werd aan een bidsnoer niet steeds een kruisje gehangen maar bij voorbeeld ook een amulet, een reukbol, een bedevaartsmedaille of zoals hier een kwast.
Een gelijkaardig bidsnoer werd afgebeeld op het hier tentoongestelde "Portret van Eleonora van Oostenrijk" geschilderd door Jan Gossaert.
Het aanbrengen van een leuze op een juweel is een veel voorkomend element in de 16de eeuw. Het hier gebruikte opschrift "Liefde overwint alles" kan zowel een religieuze als een profane ondertoon gehad hebben.
Dergelijk prachtig filigraanwerk vinden we ook in renaissancehalskettingen.

Zuidelijke Nederlanden (?), 2de helft 16de eeuw, goud en email, L. ca 77 cm

Lit.: Cat. tent. *Uit de sacristie, textiel en juwelen in kerkelijk bezit in de provincie Antwerpen*, Deurne, 1985, nr. 2

Mechelen, Metropolitaanse Kerkfabriek van de H. Rumoldus

193

TORNOOISPEELTUIG: TWEE RUITERS TE PAARD

De door raderen bewogen paarden worden bij middel van snoeren naar elkaar gebracht tot wanneer het ene figuurtje van de renstang door het andere van zijn paard wordt geduwd. De beide dijstukken ontbreken, de lanzen zijn modern.

ca 1510, gegoten brons, H. 13,5 cm.

Lit.: Cat. tent. *Maximilian*, Innsbruck, 1969, nr. 20

Wien, Kunsthistorisches Museum, Sammlung für Plastik und Kunstgewerbe, inv. nr. 81/92

Cat. nr. 93

BEELDHOUWWERK EN MOZAÏEK

194

ANONIEM

KEIZER MAXIMILIAAN I EN KEIZER KAREL V

De sokkel draagt het opschrift: "IMP[ERATORIS] CAES[ARIS] MAXIMIL[IANI] AVG[VSTI] LIX - IMP[ERATORIS] CAES[ARIS] KAROLI AVG[VSTI] - MDXXIX"

Augsburg, 1529, albast, 8,3 × 11 cm

Lit.: Cat. *Sammlung für Plastik und Kunstgewerbe, Kunsthistorisches Museum*, II. Teil, 1966, nr. 272

Wien, Kunsthistorisches Museum, Sammlung für Plastik- und Kunstgewerbe, inv. nr. 4405

Cat. nr. 195

195

ANONIEM

KEIZER KAREL V

Fraai reliëf met beeltenis van Keizer Karel V in profiel.
Het krachtig realisme en de technische vaardigheid verraden de hand van een Renaissance meester. Hierbij wordt aan Viktor Kayser, Loy Hering en Joachim Deschler gedacht. Een aan Loy Hering (ca 1485-ca 1555) toegeschreven portretreliëf van Karel V uit 1532 (Berlijn, Staatlichen Sammlungen) vertoont een treffende gelijkenis met het hier tentoongestelde kunstwerk.

Zuid-Duitsland, 1530-35, albast met resten van de oorspronkelijke beschildering en glasparels, 14,2 × 12,9 cm

Lit.: Cat. *Sammlung für Plastik und Kunstgewerbe, Kunsthistorisches Museum*, II. Teil, 1966, nr. 309

Wien, Kunsthistorisches Museum, Sammlung für Plastik und Kunstgewerbe, inv. nr. XIIa82

Cat. nr. 196

196

ANONIEM

HUISRETABEL, MADONNA MET KIND (CENTRAAL RELIEF)

Dit prachtige huisretabel is stilistisch verwant aan het werk van Jan Mone (Metz, ca 1485-90 - ca 1550), hofbeeldhouwer van Margareta en Karel V.
Het centrale reliëf in albast is bijzonder fijn gesneden en werd uitgevoerd volgens de Italiaanse smaak uit de eerste helft van de 16de eeuw. Het herinnert ons aan enkele werken van Vlaamse kunstenaars, zoals Quinten Metsijs. Maria is ten halve lijve uitgebeeld. Zij draagt een kleed met plooien, afgeronde

halsboord en lange mouwen, waarover een sluier hangt. Haar lange golvende haren hangen los over haar nek. Achteraan worden ze echter vastgehouden door een doorschijnend mutsje.
De portiekoplijsting heeft een typische Renaissance ornamentiek. Arabesken, vazen met bloemen, engelenhoofdjes, cartouches en ramskoppen vinden wij terug in het werk van Dirk Vellert en Jan Mone onder meer op het retabel uit 1533 van de kerk te Halle.
De plaats van de scharnieren bewijst dat dit retabel oorspronkelijk twee beschilderde zijluiken had, die spijtig genoeg verdwenen zijn.
Boven de madonna met kind werd een plaat aangebracht met de inscriptie "ECCE ANCILLA DOMINI", terwijl onderaan een kleine cartouche met de naam "MARIA" werd aangebracht.

Mechelen (?), ca 1535, albast, rood en groen geschilderd hout, 65 × 37 cm

Lit.: G. DERVAUX-VAN USSEL, *Exposition de Sculptures Anglaises et Malinoises d'Albâtre*, Bruxelles, 1967, nr. 11/1, p. 40

Brussel, Koninklijke Musea voor Kunst en Geschiedenis, inv. nr. 2425

Cat. nr. 197

197

DAUCHER, Hans

KEIZER MAXIMILIAAN ALS RIDDER JORIS

De beeldhouwer Hans Daucher (Ulm ca 1486-Stuttgart 1538) stond onder invloed van het werk van A. Dürer en de Italiaanse Renaissance vormentaal.
Dit steenreliëf draagt op de boog het opschrift: "IM(PERATOR) CAES(AR) MAXIMILIANVS AVGVSTV(S)" en toont de Keizer als ruiter, met de attributen van Sint Joris. Maximiliaan vereerde in zijn ridderlijke overtuiging deze heilige en zette daarom ook de door zijn vader (Frederik III) gestichte Ridderorde van Sint Joris voort.
De figuurtjes bovenaan links en rechts van de boog stellen een naakte man en vrouw voor op galopperende paarden.
Het ruiterreliëf behoort tot een groep van steenreliëfs die Daucher tussen 1520-1530 vervaardigde.

1520-1525, Solnhofener steen, 23 × 15,5 cm

Lit.: Cat. *Sammlung für Plastik- und Kunstgewerbe, Kunsthistorisches Museum*, II. Teil, 1966, nr. 250

Wien, Kunsthistorisches Museum, inv. nr. 7236

Cat. nr. 198

198
DAUCHER, Hans

KEIZER KAREL V TE PAARD

Reliëf met voorstelling van Keizer Karel V als ruiter in galop. Op de achtergrond: een bergachtig landschap. Te vergelijken met het andere hier getoonde reliëf van Hans Daucher "Keizer Maximiliaan als ridder Joris".

1522, Solnhofener steen, 20 × 13,5 cm

Innsbruck, Tiroler Landesmuseum Ferdinandeum

199

LEONI, Leone

KAREL V

Keizer Karel is afgebeeld met een geplooide halskraag en met de ketting van het Gulden Vlies, in een medaillon met omlijsting in gesneden en verguld hout. De beeldhouwer en medailleur Leoni (Menaggio 1509-Milaan 1590) stond in dienst van keizer Karel.

16de eeuw, medaillon in albast, ∅ 49 cm

Lit.: Cat. *Festival van Vlaanderen*, Mechelen, 1980, nr. 21

Kasteel van Gaasbeek

200

LEONI, Leone

BUSTE VAN MARIA VAN HONGARIJE

Dochter van Filips de Schone en Johanna van Castilië.
Net als haar broer Karel V werd zij opgevoed te Mechelen, aan het hof van Margareta van Oostenrijk. In 1522 werd Maria uitgehuwelijkt aan Lodewijk, zoon van de Hongaarse koning Ladislaus.
Toen Lodewijk reeds 4 jaar later verdronk tijdens de oorlog met de Turken, erfde haar broer Ferdinand Hongarije, maar Maria bleef regentes over het Habsburgse deel van Hongarije. Na de dood van Margareta van Oostenrijk in 1531 werd zij door Karel V aangesteld als landvoogdes van de Nederlanden.
Evenals haar tante Margareta had zij veel belangstelling voor de humanistische kunsten en wetenschappen en haar hof te Brussel was dan ook een echt Renaissance-hof.
Samen met Karel V legde zij in 1555 haar regering neer.
Het borstbeeld toont Maria in rouwkledij, met de typische weduwenkap.

1555, brons, 71 × 58 cm

Lit.: Cat. tent. *Keizer Karel*, Gent, 1955, p. 85

Wien, Kunsthistorisches Museum, inv. nr. 5496

201

MECHELS ATELIER

KAREL V

Albasten reliëf in medaillonvorm met buste van Karel V op middelbare leeftijd, met baard en baret. Hij draagt het teken van het Gulden Vlies. Op de zwarte omlijsting wordt in gouden letters vermeld: "IMP. CAES. CAROLVS. V. AVG".
Aan te stippen valt dat de bekende kleine "Mechelse albasten" moeten ontstaan zijn in de omgeving van de ateliers van C. Meit, J. Mone en G. de Beaugrant, de hofbeeldhouwers van Margareta van Oostenrijk.

Mechelen, 1540-1550, albast en hout, ∅ 16 cm., met omlijsting ∅ 29 cm

Lit.: A. JANSEN, "Mechelse albasten", in *Handelingen van de Koninklijke Kring voor Oudheidkunde, Letteren en Kunst van Mechelen*, 1964, p. 110-147

Brussel, Koninklijke Musea voor Kunst en Geschiedenis, inv. nr. 742 A

202

MECHELS ATELIER

FILIPS II

Gelijkaardig albasten reliëf in medaillonvorm, hier met buste van Filips II. Hij draagt eveneens het teken van het Gulden Vlies. Op de zwarte omlijsting staat volgend opschrift: "PHILIPVS. AVSTR. CAROLI. V. CAES. F.'

Mechelen, 1540-1550, albast en hout, ∅ 16 cm, met omlijsting ∅ 29 cm

Lit.: A. JANSEN, "Mechelse albasten", in *Handelingen van de Koninklijke Kring voor Oudheidkunde, Letteren en Kunst van Mechelen*, 1964, p. 110-147

Brussel, Koninklijke Musea voor Kunst en Geschiedenis, inv. nr. 742 B

203

MEIT, Conrat

ADAM EN EVA

Als hofbeeldhouwer van Margareta van Oostenrijk vestigde Conrat Meit (Worms ca 1470 - Antwerpen 1550) zich ca 1512 te Mechelen.
Deze vooraanstaande kunstenaar uit de vroegrenaissance heeft het thema van de erfzonde meermaals uitgebeeld. De hier tentoongestelde Adam en Eva worden als een hoogtepunt in zijn artistieke carrière beschouwd. Twee gelijkaardige beeldjes in palmhout (te dateren ca 1510) zijn in het bezit van het Schlossmuseum van Gotha. Volgens archiefdocumenten heeft Meit ook voor Margareta een Adam en Eva in brons gemaakt.
In dergelijk beeldhouwwerk is niets meer terug te vinden van de gotische traditie. De beeldjes staan volledig los en vertonen de idealen van de Renaissancekunst: pure schoonheid en levensechte weergave van het menselijk lichaam.
De linkerhand van beide beeldjes is nieuw. Bij Adam zijn sporen van polychromie terug te vinden op ogen, lippen, oor en appel.

Cat. nr. 203

ca 1520-25, palmhout, 25,5 cm (Adam) en 24 cm (Eva)

Lit.: C. LOWENTHAL, *Conrat Meit*, New York, 1976, p. 181-182
Cat. *Sammlung für Plastik und Kunstgewerbe, Kunsthistorisches Museum*, II. Teil, 1966, nr. 295

Wien, Kunsthistorisches Museum, Sammlung für Plastik und Kunstgewerbe, inv. nrs. 9888 en 9889

204

MEIT, Conrat (toegeschreven aan)

BORSTBEELD VAN KEIZER KAREL

De jongeling draagt een wit gefronst hemd met pijpekraag en een lichtgroene wambuis die met een galon is afgeboord. Zijn rode mantel met groene voering ligt los over de schouders. Om zijn hals hangt de ketting van de Orde van het Gulden Vlies. Zijn zwart haar is onder de oren afgeknipt. Hij draagt een grote, platte afneembare hoed waaraan een witte afhangende vederbos is vastgemaakt.
De buste kan vergeleken worden met het aan Conrat Meit toegeschreven beeld van keizer Karel dat in het Gruuthusemuseum te Brugge wordt bewaard. De twee beelden gelijken verbazend op elkaar. De respectievelijke afmetingen van het hoofd vertonen slechts minimale afwijkingen.
Fysionomisch vertonen beide beelden eveneens een treffende gelijkenis met de afbeelding van de jonge Karel op een enseigne van goud en email (uit het Kunsthistorisches Museum van Wenen) die ook hier tentoongesteld wordt.

Oude repliek van een aan Conrat Meit toe te schrijven borstbeeld van ca 1515-1516 (?)

gips (?), gepolychromeerd, 53,5 × 62 × 31 cm

Lit.: Cat. tent. *Brusselse wandtapijten van de pre-Renaissance*, Brussel, 1976, nr. 56

Gent, Museum voor Schone Kunsten

205

MUSKAT, Jörg (toegeschreven aan)

BUSTE VAN MAXIMILIAAN I

Het hoofd is bovenaan afgeplat om er een (ontbrekende) afzonderlijk gegoten kroon op te plaatsen. Stilistisch is het beeld verwant met de reeks van 20 Roomse keizerbusten in de Hofkerk van Innsbruck die allen van de hand van Muskat (ca 1450-Ausburg 1527) zijn.
De toeschrijving aan Jörg Muskat berust op een brief van 26 mei 1498 waarin Maximiliaan meedeelt dat deze kunstenaar "uns unser Angesicht abgeschniten" heeft. Vermoedelijk heeft de keizer het over het houten model, waarnaar het bronzen beeld gegoten werd.

ca 1500, brons, H. 34 cm

Lit.: Cat. tent. *Maximilian*, Innsbruck, 1969, nr. 595

Wien, Kunsthistorisches Museum, Sammlung für Plastik und Kunstgewerbe, inv. nr. 5486

206

ZUCCHERINI, Valerio en Vincenzo

KEIZER FERDINAND I

Geboren in 1503 als zoon van Filips de Schone en Johanna van Castilië. Hij werd opgevoed aan het Spaanse hof onder toezicht van zijn grootvader Ferdinand van Aragon. Oorspronkelijk als Spaanse troonopvolger aangeduid, verliet hij in 1517 het land, omdat zijn oudere broer Karel V koning van Spanje was geworden. In 1521 stond de inmiddels ook tot Rooms koning gekozen Karel V hem de Oostenrijkse erflanden af.
Zijn huwelijk in 1521 met Anna van Hongarije was een gevolg van de dubbele verloving die geregeld werd door Maximiliaan I: Ferdinands zuster, Maria (later Maria van Hongarije) huwde op dezelfde dag de Hongaarse koning Lodewijk. Toen deze laatste zonder erfgenamen overleed werd Ferdinand in 1526 koning van Hongarije en Bohemen.
Na de troonsafstand van zijn broer Karel V werd hij gekroond tot keizer van het Duitse rijk. Ferdinand was minder autoritair dan zijn broer en daardoor meer bemind. Op buitenlands vlak voerde hij een gematigde politiek, opdat de protestantse vorsten hem zouden steunen in zijn strijd tegen de Turken. Ferdinand overleed in 1564.

Venetië, midden 16de eeuw, mozaïek, 25,4 × 22,2 cm (met lijst)

Lit.: Cat. *Kunstkammer, Sammlungen Schloss Ambras*, Innsbruck, 1977, nr. 343

Innsbruck, Kunsthistorisches Museum, Sammlungen Schloss Ambras, inv. nr. 3054

207

ZUCCHERINI, Valerio en Vincenzo

KEIZER KAREL V

Mozaïek naar Titiaans verloren gegaan portret van Karel V (1548). De omlijsting dateert van omstreeks 1600.
Een verwant mozaïekportret van keizer Karel V bevindt zich in het Bayerisches Nationalmuseum te München.
Deze mozaïeken van Karel V en zijn broer Ferdinand I komen uit de Kunstkamer van keizer Rudolf II te Praag (vermeld in inventaris van 1607-1611).

Venetië, midden 16de eeuw, mozaïek en hout, 25,8 × 22,6 cm

Lit.: Cat. *Kunstkammer, Sammlungen Schloss Ambras*, Innsbruck, 1977, nr. 342

Innsbruck, Kunsthistorisches Museum, Sammlungen Schloss Ambras, inv. nr. P 3055

SCHILDERIJEN, TEXTIEL, GRAFIEK

208

GOSSAERT, Jan

ELEONORA VAN OOSTENRIJK

Dit schilderij zou te identificeren zijn met één van de twee portretten van Eleonora van Oostenrijk, uitgevoerd in 1516 voor het Hof te Mechelen.
Margareta van Oostenrijk zorgde er voor de opvoeding van de kinderen van haar broer: Eleonora, Karel, Isabella en Maria. De hofschilder Jan Gossaert de Mabuse († Breda 1532) staat bekend als een vernieuwer in de richting van de Renaissancegeest, alhoewel hij technisch en stilistisch nog aanleunt bij de Vlaamse Primitieven.
De kledij, juwelen en haardracht van de hier getoonde jongedame getuigen van de geraffineerde mode uit de vroeg-Renaissancetijd. Eleonora draagt een jurk met vierkante halsuitsnijding en brede pronkmouwen. Het haar wordt deels met een mutsje bedekt, dat evenals de jurkuitsnijding afgezoomd is met een paarlen boord. Interessant zijn haar representatieve juwelen: een kort halssnoer, een typische Renaissance ketting van schouder naar schouder met centraal pendentief en een gouden gordel om haar lenden. Het bidsnoer is te vergelijken met een eveneens tentoongesteld kunstwerk van de Metropolitaanse kerkfabriek van de H. Rumoldus te Mechelen.

s.d., paneel, 34 × 26 cm

Lit.: Cat. tent. *Margareta van Oostenrijk en haar Hof*, Mechelen, 1958, nr. 42

Privé-verzameling

209

MEESTER VAN DE VROUWELIJKE HALFFIGUREN (toegeschreven aan)

LEZENDE JONGE VROUW ALS MARIA MAGDALENA

Deze jeugdige dame is vermoedelijk een Habsburgse prinses. Zij munt alleszins uit door een verfijnde aristocratische elegantie. Haar krullend haar is naar de mode van de tijd, achteraan vastgehouden door een fijn netje. De vierkante halsuitsnijding van de jurk is afgeboord met een galon. Over de schouders draagt zij een pelsen cape.
De zalfpot typeert het Renaissance pronkgerei in verguld zilver.

1ste helft 16de eeuw, 46 × 32,5 cm

Lit.: Cat. tent. *Margareta en haar Hof*, Mechelen, 1958, nr. 50

Privé-verzameling

210

TAFERELEN UIT HET BOEK VAN TOBIAS

De doorbraak van de Italiaanse Renaissancestijl in onze wandtapijtkunst is voornamelijk te danken aan de ontwerptekeningen of kartons van Italiaanse kunstenaars, die hier in onze gewesten op getouw werden gezet. Vooral de beroemde reeks besteld door Paus Leo X, "De Handelingen van de Apostelen", naar kartons van Rafaël en te Brussel geweven in 1517-1521 door Pieter van Aelst, oefende een grote invloed uit op onze kartonschilders. Er werd volledig gebroken met de Vlaamse traditie. De nieuwmodische wandtapijten vertonen volgende kenmerken: de heroïsche personages worden geplaatst in ruime landschappen of grootse paleizen; zij zijn vooral getypeerd door hun volplastische anatomie.
De meest karakteristieke inheemse modeltekenaar van deze nieuwe strekking is Bernard van Orley (ca. 1492-1542). Hij werkte vanaf 1518 voor het Hof van Margareta van Oostenrijk en daarna voor de landvoogdes Maria van Hongarije.

De twee hier getoonde wandtapijten behoren tot een reeks van acht stukken, geweven te Brussel. Dergelijke wandkleden vormen werkelijk een beeldverhaal en hingen oorspronkelijk naast elkaar in een zogenaamde "caemer van tapisseryen". In een heroïsche stijl verhalen deze tapijten de geschiedenis van Tobias. Zij hebben een fraaie boord met bloemen en vruchten, die rond een palmboomstam cirkelen. Deze boord kan vergeleken worden met die van de Jacobreeks (2de kwart 16de eeuw) naar kartons van B. van Orley (Brussel, Koninklijke Musea voor Kunst en Geschiedenis).
L. Baldass situeert de Tobias-reeks in het 2de kwart van de 16de eeuw en schrijft de kartons toe aan Bernard van Orley. Volgens R. Bauer zijn deze tapijten in het midden van de 16de eeuw te dateren en geweven naar kartons van een kunstenaar uit de omgeving van B. van Orley. Als wevers vermeldt zij Catharine van Huldenberghe (?) en een onbekende wever, waarvan het merkteken nog niet is geïdentificeerd.

a) *DE OUDE TOBIAS ONDERWIJST ZIJN ZOON*

Brussel, midden 16de eeuw, wol en zijde, 344 × 442 cm

Aangezien Tobias blind was moest zijn vrouw Anna werken om in hun levensonderhoud te voorzien.
Rechts op de achtergrond zit zij met twee andere vrouwen aan het spinnewiel. Rechts op de voorgrond ziet men hoe zij een geitje naar huis brengt, dat zij als loon kreeg. Bovenaan links in het huis bidt de oude Tobias tot God. Vooraan links maant de vader zijn zoon aan tot een goed en deugdzaam leven. Hij geeft de jonge Tobias de opdracht door hem uitgeleend geld terug te gaan opeisen.

b) *DE GENEZING VAN DE OUDE TOBIAS*

Brussel, midden 16de eeuw, wol en zijde, 367 × 498 cm

Toen de jonge Tobias op reis wou vertrekken bood een jonge man (de aartsengel Rafaël) aan hem de weg te tonen. Hij raadde Tobias aan de ingewanden van een vis uit de Tigris mee te nemen, daar die hem nog van nut zouden zijn.
Tijdens zijn reis huwde Tobias met Sara terwijl de engel in zijn naam het geleende geld terug haalde. Op de terugweg naar de oude Tobias gingen de engel en de jonge Tobias voorop (links op de achtergrond) om vlugger bij de vader te zijn.
Rechts op de achtergrond worden beiden door moeder Anna begroet. De hoofdscene op de voorgrond toont de genezing van de oude Tobias als zijn zoon hem visgal op de ogen strijkt. Links op de voorgrond dankt de jonge Tobias God voor deze genezing.

Lit.: L. BALDASS, *Die Wiener gobelinssammlung*, Wien, 1920, nrs. 9 en 15
G. DELMARCEL, *Wandtapijten, Renaissance en Maniërisme*, Brussel, 1979, p. 3-4
Cat. tent. R. BAUER, *Tapisserien im Zeichen der Kunst Raphaëls*, Wenen, 1983, nr. 11

Wien, Kunsthistorisches Museum, Sammlung für Plastik und Kunstgewerbe, inv. nrs. IV/2 en IV/7

211

VERDURE MET WAPEN VAN KAREL V

Een geliefd genre in de wandtapijtkunst van de 16de eeuw was het "groenwerk", ook "verdure" genoemd. Dit wandtapijt behoort tot een reeks van acht verdures met het wapen van keizer Karel V. Het wapen is aangebracht op een achtergrond van bloemen met grote, weelderige bladeren. De boord is eveneens versierd met bloemen, bladeren en vruchten.
Onderaan zijn het stadsmerk Brussel en het weversmerk van Willem De Pannemaker te zien.
Samen met Pieter (zijn vader?) behoorde Willem tot de belangrijkste Brusselse tapijtwevers uit de 16de eeuw.

Brussel, tweede kwart 16de eeuw, wol, zijde, gouden zilverdraad, 200 × 280 cm

Lit.: L. BALDASS, *Die Wiener Gobelinssammlung*, Wien, 1920, nr. 62-64

Wien, Kunsthistorisches Museum, Sammlung für Plastik und Kunstgewerbe, inv. nr. XXXIII, 3

212

WEEFSELFRAGMENT

Iconografische bronnen tonen aan dat dergelijke rijke zijdeweefsels zowel voor kleding als voor ameublement gebruikt werden.

Gebrocheerd fluweel met groene satijngrond.
De rode fluweeltekening met goudlussen bestaat uit een spits-ovaal net waarbinnen een kroon en een granaatappelmotief.

Italië, 1ste kwart 16de eeuw, zijdeweefsel, 49 × 29 cm, rapport: 40 × 29 cm

Lit.: I. ERRERA, *Catalogue d'Etoffes, Anciennes et Modernes*, Brussel, 1927, nr. 132
B. MARKOWSKY, *Europäische Seidegewebe des 13-18. Jahrhunderts*, Keulen, 1976, nr. 83

Brussel, Koninklijke Musea voor Kunst en Geschiedenis, inv. nr. Tx 654

213

WEEFSELFRAGMENT

Gebrocheerd fluweel: wijnrode grond met motieven in gouddraad. Het patroon bestaat uit rozetten gevat binnen gestileerd bladwerk dat aan de raakpunten verbonden is door een vlechtwerkversiering.

Italië, einde 15de - midden 16de eeuw, zijdeweefsel, 88 × 55,5 cm, rapport: 28 × 28 cm

Lit.: I. ERRERA, *Catalogue d'Etoffes, Anciennes et Modernes*, Brussel, 1927, nr. 127
B. MARKOWSKY, *Europäische Seidegewebe des 13-18. Jahrhunderts*, Keulen, 1976, nr. 128

Brussel, Koninklijke Musea voor Kunst en Geschiedenis, inv. nr. Tx 663

214

ONTWERPTEKENINGEN

De principes van de Renaissancekunst zijn tijdens de 16de eeuw dank zij gedrukte Italiaanse architectuurtraktaten in de Zuidelijke Nederlanden verspreid. Dergelijke boeken stimuleerden de toepassing van het correct ordegebruik met bijhorende versieringen. Dit niet alleen in de bouwkunst, maar ook in de meubelkunst, die qua structuur, de juiste verhoudingen en de vormentaal, nauw bij de architectuur ging aansluiten. Naast de architectuur- en meubeltekeningen werden ook voor diverse takken van de kunstnijverheid ontwerpen gemaakt voornamelijk in de zogenaamde maniëristische (= laat-Renaissance) stijl. Deze ontwerpen zijn dank zij de gravure op grote schaal verspreid.
Het centrum van de verspreiding van deze modelboeken en prenten lijkt Antwerpen geweest te zijn. Hans Vredeman de Vries geeft er tussen 1560 en 1583 zijn beroemde modelboeken uit, waaronder bij voorbeeld één speciaal bestemd was voor schrijnwerkers. De Antwerpenaar Cornelis Floris de Vriendt ontwerpt een eigen versieringsrepertoire, waarin behalve grotesken, ook bandrolwerk, beslagwerk met cartouches, maskers, saters, insekten, nimfen, vogels, honden, praal- en vruchtensnoeren voorkomen. Het werk werd gebundeld en uitgegeven in 1556.

a) DE VRIENDT, Cornelis Floris

ONTWERPTEKENING VOOR VAATWERK

Inv. Kassette 122/34

Cat. nr. 209

Cat. nr. 210 a

Cat. nr. 211

b) VREDEMAN DE VRIES, Hans

ONTWERPTEKENING VOOR VAATWERK

Inv. Kassette 122/41

c) ANONIEM

ONTWERPTEKENING VOOR MEUBELORNAMENTEN

Inv. Kassette 99/33

d) WIERIX, Johann

ONTWERPTEKENING VOOR KOSTUUMS

Inv. Kassette 94/45

e) GOLTZIUS, H.

ONTWERPTEKENING VOOR KOSTUUMS

Inv. Kassette 94/23

f) GOLTZIUS, H.

ONTWERPTEKENING VOOR KOSTUUMS

Inv. Kassette 94/26

g) HUYS, A.

ONTWERPTEKENING VOOR ORNAMENTEN

Inv. Kassette 64/4

h) FLORIS, Frans

ONTWERPTEKENING VOOR ORNAMENTEN

Inv. Kassette 50/A - S/2

Nederlanden, 16de eeuw, kopergravures (?), 50 × 35 cm in passe partout

Lit.: R. FABRI, "Meubelkunst", in *Vlaamse Kunst van de oorsprong tot heden*, Antwerpen, 1986, p. 302

Wien, Österreichisches Museum für angewandte Kunst, inv. nr. 172/4

215

STRADANUS, Johannes

JACHT OP EVERZWIJNEN

Deze tekening behoort tot een serie van drie jachtscènes

1570, gravure, 60 × 75 cm

Wien, Österreichisches Museum für angewandte Kunst, inv. nr. 172/4

SIERADEN

216

RING

Deze mooie gotische ring werd opgegraven in de oude Damse havenkom tussen 1967-1970. Hij draagt het opschrift: "de bien en mieulx".

Vlaanderen, 15de eeuw, goud, ∅ 1,6 cm

Lit.: S. VANDENBERGHE, *Gruuthusemuseum Brugge. Een Overzicht*, Brugge - Genève, 1984, p. 37

Brugge, Gruuthusemuseum, inv. nr. 0.24.IX

217

SLUITSTUK

Fraaie laat-gotische sluiting.
Dit slot, in de vorm van een onregelmatige zeshoek, is versierd met acanthusbladornamenten en een vrouwelijke heiligenfiguur.

Duitstalig gebied, ca 1510, zilver: gedreven, gegoten en verguld, L. 9 cm, H. 5 cm

Wien, Österreichisches Museum für angewandte Kunst, inv. nr. Go 1504

218

ENSEIGNE MET VOORSTELLING VAN KAREL V

Enseigne of hoedspeld met voorstelling van Karel V in profiel; zijn wapenspreuk "PLVS VLTRE" is op de achtergrond aangebracht. De jeugdige Karel heeft een strakke haardracht onder een platte hoed. Hij draagt de ketting van het Gulden Vlies.
Fysionomisch is dit portret te vergelijken met de hier tentoongestelde buste van Karel V uit het Museum voor Schone Kunsten te Gent (repliek van een aan Conrat Meit toegeschreven beeld).
Het Kunsthistorisches Museum bezit een tweede gelijkaardig enseigne met afbeelding van Karel V (inv. nr. 1610). Dit enseigne kan volgens A. Van den Kerkhove toegeschreven worden aan een Mechelse of voor het Mechelse Hof werkzame edelsmid.
Volgens de catalogus van betreffend museum zijn beide enseignes van dezelfde hand, doch vermoedelijk Spaans of Italiaans werk.

Spanje, Italië of Mechelen, ca 1520 (?), goud en email, ∅ 4,7 cm

Lit.: Cat. *Sammlung für Plastik und Kunstgewerbe, Kunsthistorisches Museum*, Wien, 1966, nr. 305
A. VAN DEN KERKHOVE, "Metaalkunst", in *Vlaamse Kunst*, Tielt, 1986, p. 334

Wien, Kunsthistorisches Museum, Sammlung für Plastik und Kunstgewerbe, inv. nr. 1612

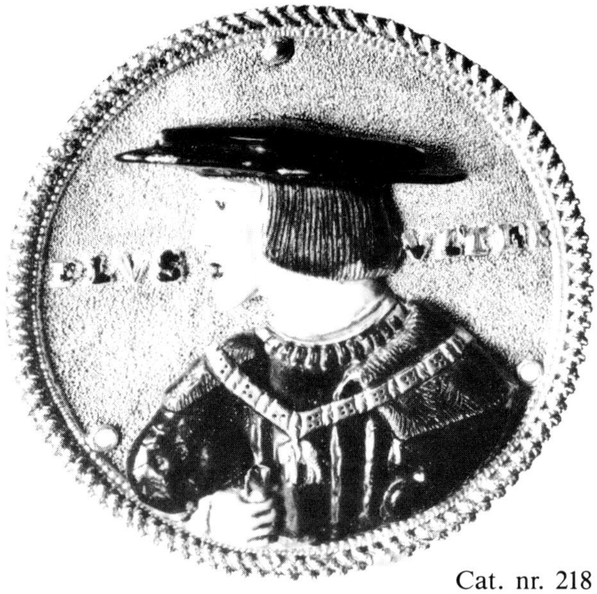

Cat. nr. 218

Cat. nr. 219

219

PENDENTIEF

Hanger met voorstelling van St. Sebastiaan op een hertegewei; onderaan opgesmukt met een bergkristal. Twee gelijkwaardige doch minder uitgewerkte pendentiefs met St. Sebastiaan (einde 15de eeuw) zijn in het bezit van het Kunstgewerbemuseum van Köln, inv. nr. G 879 Cl. en G 880 Cl.

Duitstalig gebied, ca 1520, zilver: gegoten en verguld, bergkristal, H. 10 cm, B. 4,5 cm

Wien, Österreichisches Museum für angewandte Kunst, inv. nr. Bi 1247

220

PORTRETHANGER MET VOORSTELLING VAN EEN HABSBURGER

Ovale gouden hanger met agaatcamee die een gebaarde ridder van het Gulden Vlies voorstelt, vermoedelijk Karel V of Filips II. In de opengewerkte omlijsting zijn vier tafelvormige diamanten en vier robijnen gevat in goudfolie, afgewisseld met C-vormige gedeeltelijk geëmailleerde krullen in rood, blauw, wit en zwart, uitgevoerd volgens de cellensmeltwerktechniek (stukjes ontbreken). Achteraan gegraveerde florale decoraties, met sporen van email; aan de omlijsting afwisselend geëmailleerde bloempjes en klavertjes-vier. Het ophangringetje is vernieuwd.
Dergelijke portrethangers kwamen veel voor in koninklijke middens van de 16de eeuw. Ze werden vaak aan gunstelingen geschonken.

midden 16de eeuw (?), goud, agaatcamee, diamant, robijn en email, ∅ ca 4,4 en 4,1 cm

Lit.: L. ROBIJNS, *De Sint-Martinuskerk te Aalst. 2. Kunstwerken*, bd. 2, Gent, 1980, p. 380

Aalst, Kerkfabriek St.-Martinus

221

PARELMOER

De ovalen camee die later werd verwerkt als deksel van een (tabaks)doos met verguld koper stelt van links naar rechts de bustes voor van Maximiliaan I, Filips de Schone, Karel V en Filips II. De namen van de vorsten bevinden zich boven hun hoofden op banderollen.
Verschillende, vrijwel identieke exemplaren bevinden zich in openbare en privé-collecties. Ze worden gedateerd omstreeks het midden van de 16de eeuw, omdat bij vergelijking van de verschillende voorstellingen van Karel V in de numismatiek, medaille- en juweelkunst, zijn afbeelding als Romeinse keizer met lauwerkrans voorkomt tussen ca 1535 en 1555.
Gewoonlijk werden cameeën gevat in een metalen houder en als juweel gedragen door hoogwaardigheidsbekleders of rijkere burgerij. Later werden ze, zoals het tentoongestelde exemplaar, soms herbruikt en verwerkt in doosjes.

Zuidelijke Nederlanden, midden 16de eeuw (later gemonteerd), parelmoer en koper, 8,3 × 6,5 × 4 cm

Lit.: S. VANDENBERGHE, "Omtrent een 16de eeuwse parelmoeren camee met vier portretten van Habsburgse vorsten", in *Jaarboek Brugge 1985-86*, Brugge, Stedelijke Musea, 1987, p. 257-260

Collections Château de Belœil

Cat. nr. 221

222

BESLAGSTUK VAN EEN ZADEL

Op dit beslagstuk wordt de buste van een dame voorgesteld. Zij heeft een typisch laat-middeleeuwse hoofdtooi: twee haarvlechten op de oren en een brede Bourgondische hoornkap met sluier. In het midden van deze kap was een versiering aangebracht. Technisch doet het voorwerp denken aan de produkten van de Zuid-Nederlandse bronsgieters uit de 2de helft van de 15de eeuw.

Zuidelijke Nederlanden, 2de helft 15de eeuw, brons, 23,5 × 21,8 cm

Lit.: Cat. *Sammlung für Plastik und Kunstgewerbe, Kunsthistorisches Museum*, Wien, 1966, nr. 173

Wien, Kunsthistorisches Museum, Sammlung für Plastik und Kunstgewerbe, inv. nr. 139

223

CANDIDA, Giovanni

MAXIMILIAAN EN MARIA VAN BOURGONDIE

Penning geslagen ter gelegenheid van hun huwelijk in 1480.

1479, zilver, ∅ 4,5 cm

Lit.: Cat. tent. *Margareta van Oostenrijk en haar Hof*, Mechelen, 1958, nr. 492

Mechelen, Stedelijk Museum Hof van Busleyden

224

MARENDE, Jean

GEDENKPENNING MARGARETA VAN OOSTENRIJK EN PHILIBERT VAN SAVOYE

Aangeboden in juli 1502 door de stad Bourg ter gelegenheid van de Blijde Intrede van de vorsten.
Op de voorzijde werden Margareta en Philibert in profiel tegenover elkaar voorgesteld op een achtergrond van margrieten en liefdesknopen.
Op de keerzijde bevinden zich hun respectievelijke wapenschilden.

1502, brons, ∅ 9,7 cm

Lit.: Cat. tent. *500 Jaar Grote Raad*, Mechelen, 1973, nr. 529 F

Mechelen, Stedelijk Museum Hof van Busleyden, inv. nr. N/5.1

Cat. nr. 222

MUZIEKINSTRUMENTEN

225

BLOKFLUIT

Ook basset genaamd.

16de eeuw, max. 94 cm

Brussel, Instrumentenmuseum

226

CORNETTO

Stille zink.

16de eeuw, max. 66 cm

Brussel, Instrumentenmuseum

227

CORNETTO

Tenorzink.

16de eeuw, max. 61 cm

Brussel, Instrumentenmuseum

228

KROMHOORN

Tenor.

Augsburg, 16de eeuw, max. 90 cm

Brussel, Instrumentenmuseum

WAPENS

229

HAAKBULSLOOP

Haakbuslopen van dit type werden in Nürnberg als massa-artikel vervaardigd. Ze werden in grote hoeveelheid door Maximiliaan I besteld.
Onder de versterkte mond bevindt zich een haak om konijnepijpen open te leggen.
De mond, de keep en de pan werden met een snoerrand versierd. De loop werd door een te sterke lading opengescheurd en gebogen.

Nürnberg, 1465-1470, messing, L. 91 cm

Lit.: Cat. tent. *Maximiliaan*, Innsbruck, 1969, nr. 455

Wien, Historisches Museum der Stadt, inv. nr. 126 001

230

ZWAARD VAN MAXIMILIAAN

Knop en afweerstang werden uitgevoerd in vergulde messing. Op de afweerstang bevinden zich twee Andreaskruisen, omgeven door vlammen en de letters "HMIACM" gescheiden door rosetten. De handgreep werd met leder overtrokken.
In het tweesnedig lemmet werd de wapenspreuk van Maximiliaan gegraveerd: "Halt/mas/in/allen/(dinge)n". Tussen vlammen en ranken en in spiegelschrift bevindt zich nog een ander opschrift: "Hi(lf)uns/ritter/sant/iorg".

ca 1477-80, ijzer, hout, leder, 142 × 28,5 cm

Lit.: Cat. tent. *Maximilian*, Innsbruck, 1969, nr. 500

Wien, Kunsthistorisches Museum, Waffensammlung, inv. nr. A 139

231

LISTINGER, Erhart (toegeschreven aan)

SCHILD

Rechthoekig, bovenaan afgerond schild met vooruitspringend middendeel. Aan de binnenkant bevinden zich resten van draaghengsels. De voorzijde werd beschilderd met temperaverf: zwart en bruin op een zilveren veld.
De figuur in het midden met zwaard en knuppel kijkt op naar het koningswapen van Maximiliaan I.
Het schild werd onderaan ingekort.

Wenen, 1493, hout, 118 × 56,5 cm

Lit.: Cat. tent. *Maximilian*, Innsbruck, 1969, nr. 451

Wien, Historisches Museum der Stadt, inv. nr. 126 106

Cat. nr. 231

232

JACHTWAPEN

In minder luxueuze vorm werd dit jachtwapen door de boeren en het voetvolk ook als oorlogswapen gebruikt.
De bijhorende knuppel ging verloren.

Zuid-Duitsland, 1495, messing, L. 240 cm

Lit.: Cat. tent. *Maximilian*, Innsbruck, 1969, nr. 282

Wien, Historisches Museum der Stadt, inv. nr. 126.686

233

VECHTZWAARD

In de "Weiszkunig" wordt Maximiliaan met net hetzelfde zwaard afgebeeld. Het stamt waarschijnlijk uit zijn wapenkamer.
Bepaalde delen van het zwaard, zoals de S-vormige afweerstang, zijn met leder overtrokken en vertonen een wit-rode beschildering, typisch voor Oostenrijk. Dit soort van zwaard wordt in de vakliteratuur als sportwapen beschreven.

ca 1500, ijzer, hout, leder, 123 × 18,5 cm

Lit.: Cat. tent. *Maximilian*, Innsbruck, 1969, nr. 497

Wien, Kunsthistorisches Museum, Waffensammlung, inv. nr. A 168

234

LAUBERMANN, Hans (metaalbewerking)
DÜRER, Albrecht (gravering, toegeschreven aan)

HONGAARS RONDSCHILD VAN MAXIMILIAAN I

Het ijzeren schild heeft een karakteristieke trapeziumvorm en randversieringen in geelkoper.
De zwarte gravure wordt toegeschreven aan Albrecht Dürer. Het middenveld is in de stijl van zijn "Apocalyps" en stelt de Pest voor te paard, met pijl en boog. Hij is omgeven door zonnestralen en winden.

1515, ijzer en messing, 70 × 48,5 cm

Lit.: Cat. tent. *Maximilian*, Innsbruck, 1969, nr. 217

Wien, Kunsthistorisches Museum, Waffensammlung, inv. nr. A 344

SUMMIERE STAMTAFEL VAN HET HABSBURGSE HUIS *

Frederik III (1415-1493)
∞ Eleonora van Portugal (± 1436-1467)

Maximiliaan I (1459-1519)
∞ (1) Maria van Bourgondië (1458-1482)
(2) Maria Bianca Sforza (?-1511)

Filips I De Schone (1478-1506)
∞ Johanna van Castilië ("de waanzinnige")
(1479-1555)

Margareta van Oostenrijk (1480-1530)
∞ (1) Juan van Castilië (1478-1497)
(2) Philibert van Savoye (1479-1504)

Karel V (1500-1558)
∞ Isabella van Portugal (1503-1539)

Ferdinand I
(1503-1564)
∞ Anna van Hongarije
(? - 1547)

Maria (1505-1558)
∞ Lodewijk van Hongarije
(1506-1526)

natuurlijke
dochter

Margareta van Parma
(1522-1586)

Filips II (1527-1598)

Spaanse Habsburgers

Maria ∞ Maximiliaan II
(1528-1603) (1527-1576)

Karel II van Stiermarken
(1540-1590)
∞ Maria van Beieren
(1551-1608)

Rudolf II
(1552-1612)

Ernst
(1553-1595)

Matthias
(1557-1619)

Albrecht VII
(1559-1621)
∞ *Isabella Clara Eugenia*
(dochter van *Filips II*)
(1566-1633)

Ferdinand II (1578-1637)
∞ Maria Anna van Beieren
(1574-1616)

Ferdinand III (1608-1657)
∞ Maria Anna (1606-1646)

Leopold Wilhelm (1614-1662)

Leopold I (1640-1705)
∞ Eleonore van Pfalz-Neuburg (1655-1720)

∞ Elisabeth - Chr. van Braunschweig Wolfenbüttel (?-1750)

- *Maria-Theresia* (1717-1780)
  ∞ *Franz I Stephan van Lotharingen*
  (1708-1765)
  - *Jozef II* (1741-1790)
    ∞ (1) Isabella van Parma (1741-1763)
    (2) Jozefa van Beieren (?-1767)
  - Maria-Christine
    (1742-1798)
    ∞ Albrecht van Saxen
    (?-1822)
  - *Leopold II* (1747-1792)
    ∞ Maria Ludovica (1745-1792)
    - *Franz II* (1768-1835)
- Maria Anna (1718-1744)
  ∞ Karel Alexander van Lotharingen
  (1712-1780)

(*) Alleen de leden van het Habsburgse huis waarover sprake is in de catalogus, werden in deze stamboom opgenomen. Bovendien werden ook personen vermeld die als schakel onvermijdelijk zijn hoewel zij geen rechtstreekse band hebben met het onderwerp van de tentoonstelling. Reeksen kinderen, met hun respectievelijke allianties, die niets met het onderwerp hebben te maken werden weggelaten. De Spaanse Habsburgers, met uitzondering van Filips II en Isabella Clara Eugenia werden buiten beschouwing gelaten in deze Europalia-Oostenrijk tentoonstelling.
De namen van de effectieve "heren van Mechelen" werden cursief gedrukt.

ARCHIVALIA

Zie de catalogus nummers 91-103 (pp. 75-76)

HERKOMST VAN DE FOTO'S

Brugge, Hugo Maertens

Brussel, Koninklijk Instituut voor het Kunstpatrimonium (A.C.L.)

Deurne, Provinciaal Museum voor Kunstambachten Sterckshof

Graz, Landesmuseum Joanneum, Alte Galerie

Innsbruck, Tiroler Landesmuseum Ferdinandeum

Mechelen, Stadsbestuur

Nürnberg, Stadtgeschichtliche Museen

Wien, Graphische Sammlung Albertina

Wien, Historisches Museum der Stadt

Wien, Kunsthistorisches Museum

Wien, N.Ö. Landesmuseum

Wien, Österreichische Galerie im Belvedere

Wien, Österreichisches Museum für angewandte Kunst

Wien, Theresianische Akademie

Wiener Neustadt, Kommando der Theresianischen Militärakademie

ISBN 90-5066-023-1
D / 1987 / 0348 / 31

INHOUD

Gemeentekrediet

Raad van bestuur

Frank Swaelen
Hove, voorzitter, senator, burgemeester

Jacques Donfut
Frameries, ondervoorzitter schepen

Albert Claes
Brugge, ere-volksvertegenwoordiger, schepen

Léon Hurez
La Louvière, ere-volksvertegenwoordiger, gewezen burgemeester, gemeenteraadslid

Paul Meyers
Hasselt, ere-volksvertegenwoordiger, burgemeester

Louis Tobback
Leuven, volksvertegenwoordiger, gemeenteraadslid

Pierre Havelange
Brussel, ere-volksvertegenwoordiger, gewezen gemeenteraadslid

Marcel Imler
Schoten, ere-burgemeester

Alfred Evers
Eupen, senator, burgemeester

Honoré Van Steenberge
Gent, ere-bestendig afgevaardigde

Joseph Michel
Virton, bestuurder met verlof, minister van Binnenlandse Zaken, gemeenteraadslid

Marcel Van Audenhove
Oudergem, financieel adviseur, ere-directeur-beheerder

Comité van toezicht

Paul Bolland
Dalhem, voorzitter, bestendig afgevaardigde

Joseph De Meester
Hoogstraten, ondervoorzitter, provincieraadslid

Charles Bailly
Luik, gewezen senator, gewezen burgemeester

Armand De Rore
Kortrijk, ere-senator, gemeenteraadslid

Jules Bastin
La Roche-en-Ardenne, gewezen burgemeester, gemeenteraadslid

Roger Pernot
Gent, bestendig afgevaardigde

Achille Diegenant
Dilbeek, volksvertegenwoordiger, gemeenteraadslid

André Dubois
Zinnik, eerste schepen

Serge Kubla
Waterloo, volksvertegenwoordiger, burgemeester

Hector Magotte
Luik, gemeenteraadslid

Hugo Schiltz
Antwerpen, volksvertegenwoordiger, gemeenteraadslid

Joseph Moreau de Melen
Rixensart, adviseur, ere-senator, gemeenteraadslid

Regeringscommissarissen

Jacques Rousseaux
Inspecteur-generaal, kabinet van de Voorzitter van de Vlaamse Executieve

Emiel Beyens
Secretaris-generaal, taaladjunct bij het ministerie van Binnenlandse Zaken

Afgevaardigden van de Executieven

Georges De Langhe
Kabinet van de Vlaamse Gemeenschapsminister van Binnenlandse Aangelegenheden en Ruimtelijke Ordening

Carlos Dumortier
Bestuursdirecteur bij het ministerie van het Waals Gewest

Michaël Van Vlasselaer
Buitengewoon opdrachthouder bij de Executieve van het Brussels Gewest

Commissarissen-revisors

Victor Emons
Daniel Van Woensel

Directiecomité

François Narmon
Directeur-beheerder, voorzitter

Alphonse Brouwers
Eerste directeur, adjunct van de directeur-beheerder, ondervoorzitter

Monique Goethals
Directeur

Maurice Mahler
Directeur

Luc Onclin
Directeur

Jozef Asselbergh
Directeur

Jacques Labar
Inspecteur generaal

Zetels in de provincies

Antwerpen
Grote Steenweg 454,
2600 Berchem (Antwerpen)

Brabant
Papiermolenstraat 55,
1160 Brussel

Henegouwen
Paul Bellefroidlaan 20,
3500 Hasselt

Luik
Voie de l'Ardenne 134,
4920 Embourg (Chaudfontaine)

Luxembourg
Rue de la Poste 13,
6700 Arlon

Namen
Chaussée de Louvain 436,
5004 Bouge (Namur)

Oost-Vlaanderen
Kortrijksesteenweg 1066,
9820 Sint-Denijs-Westrem (Gent)

West-Vlaanderen
Sint-Janstraat 7B,
8000 Brugge

Maatschappelijke zetel

Pachecolaan 44,
1000 Brussel